www.ingramcontent.com/pod-product-compliance
Lightning Source LLC
LaVergne TN
LVHW050757051026
849532LV00008B/2896
9789369085293

چچا چھکن کے

دلچسپ کارنامے

(مزاحیہ کہانیاں)

امتیاز علی تاج

Chacha Chhakkan ke dilchasp Kaarnaame (Humorous Stories)
by: Imtiaz Ali Taj
Edition: October '2025
Publisher :
Taemeer Publications LLC (Michigan, USA / Hyderabad, India)

ISBN 978-93-6908-529-3

کتاب	:	**چچا چھکن کے دلچسپ کارنامے** (کہانیاں)
مصنف	:	**امتیاز علی تاج**
پروف ریڈنگ / تدوین	:	سید حیدرآبادی
صنف	:	ادب اطفال
ناشر	:	تعمیر پبلی کیشنز (حیدرآباد ،انڈیا)
سالِ اشاعت	:	۲۰۲۵ء
صفحات	:	۸۰
سرورق ڈیزائن	:	تعمیر ویب ڈیزائن

فہرست

تعارف

انارکلی اور چچا چھکن دو ایسے کردار ہیں جن سے صرف اردو دنیا نہیں بلکہ دیگر زبانوں اور معاشروں سے تعلق رکھنے والے افراد بھی واقف ہیں۔ یہ دونوں ایسے ناقابل فراموش کردار ہیں جو ہمارے اجتماعی شعور کا حصہ بن چکے ہیں۔ ان دو اہم کردار کے خالق سید امتیاز علی تاج ہیں۔

امتیاز علی تاج کا پورا خاندان ہی ہمہ آفتاب ہے۔ ان کے دادا سید ذوالفقار علی سینٹ اسٹیفنز کالج دہلی کے فیض یافتہ اور امام بخش صہبائی کے شاگرد تھے۔ ڈپٹی انسپکٹر اسکول رہے اس کے بعد اسسٹنٹ کمشنر کے عہدے پر فائز ہوئے۔ ان کے والد ممتاز علی شیخ الہند مولانا محمود حسن کے ہم درس اور سرسید احمد خاں کے عزیز دوست تھے۔ ممتاز علی نے ہی خواتین کے لیے 'تہذیب نسواں' جیسا رسالہ شائع کیا۔ بچوں کے لیے 'پھول' کے نام سے اخبار نکالا اور دار الاشاعت پنجاب جیسا ادارہ قائم کیا جہاں سے کلاسیکی معیاری کتابیں شائع ہوئیں۔ امتیاز علی تاج کی والدہ محمدی بیگم 'تہذیب نسواں' اور 'مشیر مادر' کی مدیر تھیں تو ان کی شریک حیات حجاب امتیاز علی اپنے وقت کی نامور افسانہ نگار اور برصغیر کی پہلی پائلٹ خاتون تھیں۔

امتیاز علی تاج کو ڈرامہ اور مشاعرہ سے خاص دل چسپی تھی۔ شاعری کا شوق بچپن سے تھا۔ غزلیں اور نظمیں کہتے تھے۔ تاج ایک اچھے افسانہ نگار بھی تھے۔ انہوں نے 17 سال کی عمر میں 'شمع اور پروانہ' کے عنوان سے پہلا افسانہ لکھا۔ تاج ایک عمدہ ترجمہ نگار بھی تھے۔ انہوں نے آسکر وائلڈ، گولڈ اسمتھ، ڈیم تریوس، مدرس تیول، کرسٹین گیلرڈ وغیرہ کی کہانیوں کے ترجمے کیے ہیں۔

انہوں نے مختلف میدانوں میں اپنی ذہانت کے ثبوت دئے، ریڈیو فیچر لکھے، فلمیں لکھیں، ڈرامے لکھے مگر سب سے زیادہ شہرت انہیں ڈرامہ 'انارکلی' سے ملی۔ یہ ان کا شاہکار ڈرامہ تھا، جو نصابوں

میں شامل کیا گیا۔ جس پر بے شمار فلمیں بنیں آج بھی جب انار کلی کا ذکر آتا ہے تو امتیاز علی تاج کی تصویر ذہن میں ابھرتی ہے۔ اس ڈرامہ میں جس طرح منظر نگاری، کردار نگاری اور مکالمے ہیں اس کی داد سبھی نے دی ہے۔ یہ ڈرامہ آج مختلف جامعات میں تحقیق کا موضوع بنا ہوا ہے۔ امتیاز علی تاج نے صرف ڈرامہ 'انار کلی' نہیں بلکہ اور بھی کئی ڈرامے لکھے ہیں ساتھ ہی ڈراموں کے انتخابات بھی شائع کیے ہیں، خاص طور پر کلاسیکی ڈراموں کی اشاعت پر ان کی خصوصی توجہ رہی۔ آرام، ظریف اور رونق کے ڈرامے انہوں نے ہی مرتب کیے۔ مجلس ترقی ادب لاہور سے وابستگی کے بعد انہوں نے کئی جلدوں پر مشتمل ڈراموں کے انتخابات شائع کئے۔ اس طرح انہوں نے کلاسیکی ڈراموں کی بازیافت میں اہم کردار ادا کیا۔

"چچا چھکن" کے نام سے ہی اردو کے قاری کے لبوں پر مسکراہٹ دوڑ جاتی ہے۔ اس کی وجہ یہی ہے کہ یہ امتیاز علی تاج کا تخلیق کردہ مشہور و معروف مزاحیہ کردار ہے، جسے موضوع بنا کر تاج نے کئی مزاحیہ مضامین تحریر کیے تھے۔ جو ان کے عہد کے مختلف رسالوں کی زینت بنے رہے۔ ناقدین اردو کے نزدیک یہ کردار ایک مکمل مزاحیہ کردار ہے۔ اس لازوال کردار کی تخلیق نے انھیں شہرت دوام بخش دی ہے۔ قارئین جب بھی چچا چھکن کا نام پڑھتے ہیں ان کے ذہن میں اپنے مزاحیہ کارناموں کے ساتھ مخبوط الحواس شخصیت کا خاکہ آجاتا ہے۔ جو نت نئے کارنامے انجام دیتا قاری کی مکمل توجہ پانے اور تفریح کا ساماں مہیا کرانے میں کامیاب ہے۔ زیر نظر کتاب چچا چھکن سے متعلق مختلف واقعات پر مبنی کہانیوں پر مشتمل ہے۔

ا

چچا چھکن نے تصویر ٹانگی

چچا چھکن کبھی کبھار کوئی کام اپنے ذمے کیا لے لیتے ہیں، گھر بھر کو تگنی کا ناچ نچا دیتے ہیں۔ "آبے لونڈے، جابے لونڈے، یہ کیجو، وہ دیجو"، گھر بازار ایک ہو جاتا ہے۔ دُور کیوں جاؤ، پرسوں پرلے روز کا ذکر ہے، دوکان سے تصویر کا چوکھٹا لگ کر آیا۔ اُس وقت تو دیوان خانے میں رکھ دی گئی۔ کل شام کہیں چچی کی نظر اُس پر پڑی، بولیں چُھٹّن کے ابا تصویر کب سے رکھی ہوئی ہے، خیر سے بچوں کا گھر ٹھہرا، کہیں ٹوٹ پھوٹ گئی تو بیٹھے بٹھائے روپے دو روپے کا دھکا لگ جائے گا، کون ٹانگے گا اس کو؟"

"ٹانگتا اور کون، میں خود ٹانگوں گا۔ کون سی ایسی جوئے شیر لانی ہے۔ رہنے دو میں ابھی سب کچھ خود ہی کیے لیتا ہوں۔"

کہنے کے ساتھ ہی شیروانی اتار چچا تصویر ٹانگنے کے درپے ہو گئے۔ امامی سے کہا۔ "بیوی سے دو آنے پیسے لے کر میخیں لے آ۔"

ادھر وہ دروازے سے نکلا، ادھر مودے سے کہا "مودے مودے! جانا امامی کے پیچھے۔

کہیو تین تین انچ کی ہوں میخیں۔ بھاگ کر جا۔ جا لیجو اُسے راستے ہی میں۔"

لیجئے تصویر ٹانگنے کی داغ بیل پڑ گئی اور اب آئی گھر بھر کی شامت۔

ننھے کو پکارا۔ "او ننھے جانا ذرا میرا ہتھورا لے آنا۔ بنو! جاؤ اپنے بستے میں سے چفتی نکال لاؤ اور سیڑھی کی ضرورت بھی تو ہو گی ہم کو۔ ارے بھئی للو! ذرا تم جا کر کسی سے کہہ دیتے، سیڑھی یہاں آکر لگا دے۔ اور دیکھنا وہ لکڑی کے تختے والی کرسی بھی لیتے آتے تو خوب ہوتا۔

چھٹن بیٹے! چائے پی لی تم نے؟ ذرا جانا تو اپنے ان ہمسائے میر باقر علی کے گھر کہنا ابا نے سلام بھیجا ہے اور پوچھا ہے، آپ کی ٹانگ اب کیسی ہے اور کہیو، وہ جو ہے نا آپ کے پاس، کیا نام ہے اس کا، اے لو بھول گیا، پلول تھا کہ ٹلول، اللہ جانے کیا تھا، خیر وہ کچھ ہی تھا، تو یوں کہہ دیجو کہ وہ جو آپ کے پاس آلہ ہے نا جس سے سیدھ معلوم ہوتی ہے وہ ذرا دے دیجئے، تصویر ٹانگنی ہے۔ جائیو میرے بیٹے، پر دیکھنا سلام ضرور کرنا اور ٹانگ کا پوچھنا نہ بھول جانا۔ اچھا؟۔۔۔۔ یہ تم کہاں چل دیے للو؟ کہا جو ہے ذرا یہیں ٹھہرے رہو، سیڑھی پر روشنی کون دکھائے گا ہم کو؟

آگیا امامی؟ لے آیا میخیں؟ مو دامل گیا تھا؟ تین تین انچ ہی کی ہیں نا؟ بس بہت ٹھیک ہیں۔

اے لو ستلی منگوانے کا تو خیال ہی نہ رہا۔ اب کیا کروں؟

جانا میرا بھائی جلدی سے۔ ہوا کی طرح جا اور دیکھیو بس گز سوا گز ہو ستلی۔ نہ بہت موٹی ہو نہ پتلی، کہہ دینا تصویر ٹانگنے کو چاہیے ہے، لے آیا؟ او وِدو! وِدو کہاں گیا؟ وِدو میاں!۔۔۔ اسی وقت سب کو اپنے اپنے کام کی سوجھی ہے۔ یوں نہیں کہ

آکر ذرا ہاتھ بٹائیں۔ یہاں آؤ، تم کرسی پر چڑھ کر مجھے تصویر پکڑانا۔"

لیجیے صاحب خدا خدا کر کے تصویر ٹانگنے کا وقت آیا مگر ہونی شدنی، چچا اسے اٹھا کر ذرا وزن کر رہے تھے کہ ہاتھ سے چھوٹ گئی۔ گر کر شیشہ چور چور ہو گیا۔ "ہئی ہے! کہہ کر سب ایک دوسرے کا منہ تکنے لگے۔

چچا نے کچھ خفیف ہو کر کرچوں کا معائنہ شروع کر دیا۔ وقت کی بات اُنگلی میں شیشہ چبھ گیا۔ خون کی تللی بندھ گئی۔ تصویر کو بھول اپنا رومال تلاش کرنے لگے۔ رومال کہاں سے ملے؟ رومال تھا شیروانی کی جیب میں شیروانی اتار کر نہ جانے کہاں رکھی تھی۔ اب جناب گھر بھر نے تصویر ٹانگنے کا سامان تو طاق پر رکھا اور شیروانی کی ڈھنڈیا پڑ گئی۔ چچا میاں کمرے میں ناچتے پھر رہے ہیں کبھی اس سے ٹکر کھاتے ہیں، کبھی اس سے۔ "سارے گھر میں سے کسی کو اتنی توفیق نہیں کہ میری شیروانی ڈھونڈ نکالے۔ عمر بھر ایسے نکموں سے پالا نہ پڑا تھا۔ اور کیا جھوٹ کہتا ہوں کچھ؟ چھ چھ آدمی ہیں اور ایک شیروانی نہیں ڈھونڈ سکتے جو ابھی پانچ منٹ بھی تو نہیں ہوئے میں نے ایک اتار کر رکھی ہے۔ بھئی بڑے۔۔۔"

اتنے میں آپ کسی جگہ سے بیٹھے بیٹھے اٹھتے ہیں اور دیکھتے ہیں کہ شیروانی پر ہی بیٹھے ہوئے تھے۔ اب پکار پکار کر کہہ رہے ہیں۔ "اے بھئی رہنے دینا، مل گئی شیروانی، ڈھونڈ لی ہم نے۔ تم کو تو آنکھوں کے سامنے بیل بھی کھڑا ہو تو نظر نہیں آتا۔"

آدھے گھنٹے تک انگلی بندھتی بندھاتی رہی۔ نیا شیشہ منگوا کر چوکھٹے میں جڑا اور تمام قصے طے کرنے پر دو گھنٹے بعد پھر تصویر ٹانگنے کا مرحلہ درپیش ہوا۔ اوزار آئے

، سیڑھی آئی، چوکی آئی، شمع لائی گئی چچا جان سیڑھی پر چڑھ رہے ہیں اور گھر بھر (جس میں ماما اور کہاری بھی شامل ہیں) نیم دائرے کی صورت میں امداد دینے کو کیل کانٹے سے لیس کھڑا ہے۔ دو آدمیوں نے سیڑھی پکڑی تو چچا جان نے اس پر قدم رکھا، اوپر پہنچے۔ ایک نے کرسی پر چڑھ کر میخیں بڑھائیں۔ ایک قبول کر لی۔ دوسرے نے ہتھورا اوپر پہنچایا۔ سنبھالا ہی تھا کہ میخ ہاتھ سے چھوٹ کر نیچے گر پڑی۔ کھسیانی آواز میں بولے۔ "اے لو، اب کم بخت میخ چھوٹ کر گر پڑی! دیکھنا کہاں گئی؟"

اب جناب سب کے سب گھٹنوں کے بل ٹٹول ٹٹول کر میخ تلاش کر رہے ہیں۔ اور چچا میاں سیڑھی پر کھڑے مسلسل بڑبڑا رہے ہیں۔ "ملی؟ ارے کم بختو ڈھونڈی؟ اب تک تو میں سو مرتبہ تلاش کر لیتا۔ اب میں رات بھر سیڑھی پر کھڑا کھڑا سوکھا کروں گا؟ نہیں ملتی تو دوسری ہی دے دو اندھو!"

یہ سن کر سب کی جان میں جان آتی ہے، تو پہلی میخ ہی مل جاتی ہے۔ اب میخ چچا جان کے ہاتھ میں پہنچاتے ہیں تو معلوم ہوتا ہے اس عرصے میں ہتھورا غائب ہو چکا ہے۔

"یہ ہتھوڑا کہاں چلا گیا؟ کہاں رکھا تھا میں نے؟ لاحول ولا قوۃ! الو کی طرح آنکھیں پھاڑے میرا منہ کیا تک رہے ہو؟ سات آدمی اور کسی کو معلوم نہیں، ہتھوڑا میں نے کہاں رکھ دیا؟"

بڑی مصیبتوں سے ہتھورے کا سراغ نکالا اور میخ گڑنے کی نوبت آئی۔ اب آپ یہ بھول بیٹھے ہیں کہ ماپنے کے بعد میخ گڑنے کو دیوار پر نشان کس جگہ کیا

تھا۔سب باری باری کرسی پر چڑھ کر کوشش کر رہے ہیں کہ شاید نشان نظر آجائے۔ ہر ایک کو الگ الگ نشان دکھائی دیتا ہے۔چچا سب کو باری باری الو گدھا کہہ کہہ کر کرسی سے اتر جانے کا حکم دے رہے ہیں آخر پھر چفتی لی۔ اور کونے سے تصویر ٹانگنے کی جگہ کو دوبارہ ماپنا شروع کیا۔مقابل کی تصویر کونے سے پینتیس انچ کے فاصلے پر لگی ہوئی تھی۔"بارہ اور بارہ اور کے انچ اور؟"

بچوں کو زبانی حساب کا سوال ملا۔با آواز بلند حل کرنا شروع کیا۔

اور جواب نکالا تو کسی کا کچھ تھا اور کسی کا کچھ۔ ایک نے دوسرے کو غلط بتایا۔ اسی تو تو میں میں سب بھول بیٹھے کہ اصل سوال کیا تھا۔نئے سرے سے ماپ لینے کی ضرورت پڑ گئی۔

اب کے چچا چفتی سے نہیں ماپتے۔ ستلی سے ماپنے کا ارادہ رکھتے ہیں۔ سیڑھی پر پینتالیس درجے کا زاویہ بنا کر ستلی کا سرا کونے تک پہنچانے کی فکر میں ہیں کہ ستلی ہاتھ سے چھوٹ جاتی ہے۔ آپ لپک کر اسے پکڑنا چاہتے ہیں کہ اسی کوشش میں زمین پر آرہتے ہیں۔کونے میں ستار رکھا تھا۔اس کے تمام تار چچا جان کے بوجھ سے یک لخت جھنجھنا کر ٹکڑے ٹکڑے ہو جاتے ہیں۔ اب چچا جان کی زبان سے جو منجھے ہوئے الفاظ نکلتے ہیں سننے کے قابل ہوتے ہیں۔ مگر چچی روک دیتی ہیں اور کہتی ہیں۔"اپنی عمر کا نہیں تو ان بچوں ہی کا خیال کرو۔"

بہت دشواری کے بعد چچا جان از سرِ نو میخ گاڑنے کی جگہ معین کرتے ہیں۔بائیں ہاتھ سے اس جگہ میخ رکھتے ہیں اور دائیں ہاتھ سے ہتھورا سنبھالتے ہیں۔ پہلی ہی چوٹ جو پڑتی ہے تو سیدھی ہاتھ کے انگھوٹے پر۔ آپ "سی" کر کے ہتھورا

چھوڑ دیتے ہیں وہ نیچے آ کر گرتا ہے کسی کے پاؤں پر۔ ہائے ہائے اور افوہ اور مار ڈالا شروع ہو جاتی ہے۔

چچی جل بھن کر کہتی ہیں "یوں میخ گاڑنا ہوا کرے تو مجھے آٹھ روز پہلے خبر دے دیا کیجئے۔ میں بچوں کو لے کر میکے چلی جایا کروں۔ اور نہیں تو۔"

چچا جان نادم ہو کر جواب دیتے ہیں۔ "یہ عورت ذات بھی بات کا بتنگڑ بنا لیتی ہے۔ یعنی ہوا کیا جس پر طعنہ دیے جا رہے ہیں؟ بھلا صاحب کان ہوئے۔ آئندہ ہم کسی کام میں دخل نہ دیا کریں گے۔"

اب نئے سرے سے کوشش شروع ہوئی۔ میخ پر دوسری چوٹ جو پڑی تو اسی جگہ کا پلستر نرم تھا۔ پوری کی پوری میخ اور آدھا ہتھوڑا دیوار میں اور چچا اچانک میخ گڑ جانے سے اس زور سے دیوار سے ٹکرائے کہ ناک غیرت والی ہوتی تو پچک کر رہ جاتی۔

اس کے بعد از سرِ نو چفتی اور رسی تلاش کی گئی اور میخ گاڑنے کی نئی جگہ مقرر ہوئی۔ اور کوئی آدھی رات کا عمل ہو گا کہ خدا خدا کر کے تصویر ٹنگی۔ وہ بھی کیسی؟ ٹیڑھی بینگی اور اتنی جھکی ہوئی کی جیسے اب سر پر آئی۔ چاروں طرف گز گز بھر دیوار کی یہ حالت گویا چاند ماری ہوتی رہی ہے۔ چچا کے سوا باقی سب تھکن سے چور نیند میں جھوم رہے ہیں۔ اب آخری سیڑھی پر سے دھم سے جو اترتے ہیں تو کہاری غریب کے پاؤں پر پاؤں۔ غریب کے ڈیل تھی 'تڑپ ہی تو اٹھی۔ چچا اس کی چیخ سن کر ذرا سراسیمہ تو ہوئے مگر پل بھر میں داڑھی پر ہاتھ پھیر کر بولے۔ "اتنی سی بات تھی، لگ بھی گئی۔ لوگ اس کے لیے مستری بلوایا کرتے ہیں۔"

***

۲

چچا چھکن نے دھوبن کو کپڑے دیے

چچی ایک دو بار نہیں بیسیوں مرتبہ چچا چھکن سے کہہ چکی ہیں کہ "باہر تمھارا جو جی چاہے کیا کرو مگر خدا کیلیئے گھر کے کسی کام میں دخل نہ دیا کرو۔ آپ بھی ہلکان ہوتے ہو، دوسروں کو بھی ہلکان کرتے ہو۔ سارے گھر میں ایک ہڑبڑی سی پڑ جاتی ہے، میرا دم الجھنے لگتا ہے۔ اور پھر تمھارے کام میں نے نقصان کے سوا کبھی فائدہ ہوتے بھی تو نہیں دیکھا۔ تو ایسا ہاتھ بٹانا بھلا میرے کس کام کا؟"

چچا اس قدر ناشناسی سے کھج جاتے ہیں۔ چڑ کر کہتے بھی ہیں۔ "بھلا صاحب کان ہوئے، پھر کبھی آپ کے کام میں دخل دیا تو جو چور کی سزا وہ ہماری سزا۔" لیکن دخل در معقولات کا انھیں کچھ ایسا لا علاج مرض ہے کہ جہاں کوئی موقع ملا، پھر لنگوٹ کس تیار۔

آج ہی دوپہر کی سنیے۔ چچی کا جی اچھا نہ تھا، گلا آگیا تھا۔ اس کی وجہ سے ہلکی ہلکی حرارت بھی تھی منہ سر لپیٹے دالان میں پڑی تھیں کہ دھوبن کپڑے لینے آگئی۔ چچی نے کہا "بریٹھن آج تو میرا جی اچھا نہیں کل پرسوں آجائیو تو میلے کپڑے دے دوں گی۔"

دھوبن بولی۔ "بیوی جی ! بریٹھا آج رات بھٹی چڑھا رہا تھا، کپڑے مل جاتے تو آٹھوے دن میں دے جاتی نہیں تو وہی دس پندرہ دن لگ جائیں گے۔"

چچی نے کہا۔ "اب جو ہو سو ہو، مجھ میں تو اٹھ کر کپڑے دینے کی ہمت نہیں۔"

چچا چھکن پرلے دالان میں بیٹھے میاں مٹھو کو سبق پڑھا رہے تھے، کہیں چچی کی بات سن پائی، انھیں ایسے موقعے اللہ دے۔ جھٹ ادھر آ پہنچے۔ بولے۔ "کیا بات ہے ؟ کپڑے دینے ہیں دھوبن کو ؟ ہم دے دیتے ہیں۔"

چچی بولیں۔ "اے خدا کے لیے تم رہنے دینا۔ ہلکم ڈالو گے۔ سارے گھر میں۔ پہلے ہی میرا جی اچھا نہیں ہے۔ کل پرسوں اللہ چاہے تو میں آپ اٹھ کر دے دوں گی۔"

چچا کب رکنے والے ہیں بھلا۔ اللہ جانے کام ہی کا جنون ہے، یا گھر کے کاموں سے طبیعت کو خاص مناسبت ہے، یا روک دیے جانے میں انھیں اپنے سلیقے اور سگھراپے کی توہین نظر آتی ہے، بولے۔ "واہ بھلا کوئی بات ہے۔ یہ ایسا کام ہی کیا ہے ، ابھی نمٹائے دیتے ہیں۔"

چچی جانتی ہیں وقت پر چچا کب کسی کی سنتے ہیں، وہ تو بڑ بڑاتی ہوئی کروٹ لے پڑ رہیں اور چچا چلے دھوبن کو کپڑے دینے۔ چچی ٹوک چکی تھیں، اس لیے آپ نے نہ تو کسی ملازم کو آواز دی، نہ کسی بچے کو بلایا، نہ کسی سے یہ پوچھا کہ کس کے کپڑے کہاں پڑے ہیں، خود ہی گھر کے جالے لینے شروع کر دیے۔ جو کپڑا نظر آیا خود ہی آنکھوں کے سامنے تان کر پرکھایا، نیچے پھیلا کر دیکھ لیا۔ "کمبخت پتا بھی تو نہیں چلتا کہ پہننے کا کپڑا ہے یا جھاڑن بن چکا ہے۔ چماروں کے بچے بھی تو اس سے اچھی طرح

کپڑا پہنتے ہوں گے۔" کسی کپڑے کو چھوڑا، کسی کو بغل میں دبایا، کہیں جھک کر چار پائی کے نیچے جھانکا، کہیں ایڑیاں اٹھا کر الماری کے اوپر نظر ڈالی۔ معلوم ہوتا تھا آج چچا نے قسم کھالی ہے کہ جو کام ہوگا آپ ہی کریں گے۔ لیکن آخر کب تک؟ چچا چھکن کیلئے تو اللہ میاں بہانے پیدا کر دیتے ہیں۔ کپڑوں کی تلاش میں اسباب کی کوٹھری میں گئے تھے، پانچ منٹ بعد اندر سے آوازیں آنی شروع ہو گئیں۔

لیجئے صاحب حسبِ معمول سارا گھر چچا میاں کے گرد جمع ہو گیا اور آپ نے سنانے شروع کر دیے اپنے احکام۔

"اب کھڑے میرا منہ کیا تک رہے ہو؟ جمع کرو میلے کپڑے۔ پر دیکھو رہ نا جائے کوئی۔ ایک ایک کونا دیکھ لیجیو۔ دالان میں ڈھیر لگا دو سب کا۔ بندو تو ہمارے کمرے میں سے میلے کپڑے سمیٹ لا۔ دو تین جوڑے تو چار پائی کے نیچے حفاظت سے لپٹے رکھے ہیں، وہ لیتا آئیو۔ اور سننا، وہ چھٹن یا بنو کا ایک کرتا بانس پر لپٹا ہوا کونے میں رکھا ہے۔ پرسوں کمرے کے جالے اتارے تھے ہم نے وہ بھی کھولتا لائیو۔ اور دیکھ۔۔۔ ہوا کے گھوڑے پر سوار ہے کم بخت۔ پوری بات ایک مرتبہ نہیں سن لیتا۔ ایک بنیان ہمارا آتش دان میں رکھا ہے۔ بوٹ پونچھے تھے اس سے۔ وہ بھی لیتا آنا۔ جا بھاگ کر جا۔ امامی تو بچوں کے کپڑے جمع کر۔ ہر کونے اور طاق کو دیکھ لیجیو۔ یہ بدمعاش کپڑے رکھنے کو نئی سے نئی جگہ نکالتے ہیں۔"

نوکر روانہ ہوئے تو بچوں کی باری آگئی۔ "کہاں گئے یہ سب کے سب؟ او چھٹن! لیجئے ملاحظہ فرمایئے آپ کی صورت! ارے یہ کیا حال بنایا ہے؟ کوئلوں میں کہاں جا گھسا تھا؟ اتار اپنے کپڑے۔ نئے کپڑے پھر ملیں گے۔ پہلے میلے کپڑے

یہاں لا کر رکھ۔ اور یہ بنو کدھر گئی؟ میں کہتا ہوں آخر یہ مرض کیا ہو گیا ہے تم لوگوں کو جہاں کام کی صورت دیکھی کھسک جانے کی ٹھہرالی۔ چلو اندر ایک کاغذ اور پنسل لا کر دو ہمیں۔ آخر لکھے بھی جائیں گے کپڑے یا نہیں؟ للّو! تم بستروں میں سے میلی چادریں اور تکیوں کے غلاف نکال لاؤ۔"

غرض ایک پانچ منٹ میں گھر کی یہ حالت ہو گئی گویا آنکھ مچولی کھیلی جا رہی ہے۔ کوئی اِدھر بھاگ رہا ہے، کوئی اُدھر۔ کوئی چار پائی کے نیچے سے نکل رہا ہے، کوئی کونے جھانکتا پھر رہا ہے، کسی نے لپٹے ہوئے بستر سے کشتی شروع کر رکھی ہے، کوئی کپڑے اتار تولیہ لپیٹے بھاگا جا رہا ہے۔ ساتھ ساتھ چچا کے نعرے بھی سننے میں آ رہے ہیں۔"ارے آئے؟ اب لائے؟ سب کے ہاتھ پاؤں پھول رہے ہیں۔ سٹی گم ہے۔ ٹکریں لگ رہی ہیں۔

کوئی آدھ گھنٹے کی محنت سے سارے کپڑے دالان میں جمع ہوئے۔ نوکر اور بچے کپڑوں کے ڈھیر کے گرد دائرہ باندھے کھڑے ہیں۔ صورتیں سب کی ایسی ہیں گویا سوانگ بھر رکھا ہے۔ کسی کے منہ پر مٹی پڑی ہے۔ کسی کے بال مٹیالے ہو رہے ہیں۔ کسی کے کپڑوں پر جالے لگے ہوئے ہیں۔ چچا چار پائی پر بیٹھے ایک ایک کپڑے کا معائنہ فرما رہے ہیں۔ ہر کپڑے کو انگلی کے سروں سے اٹھا کر دیکھتے ہیں۔ کبھی بچوں کو کوستے ہیں کہ کم بختوں کو کپڑا پہننے کا سلیقہ نہیں آتا۔ کبھی دھوبن کو ڈانٹتے ہیں ہیں کہ خبر دار جو ایک داغ بھی باقی رہا۔ کہیں بیچ میں وہ بنیان بھی ہاتھ آ گیا جس سے آپ نے بوٹ پونچھے تھے۔ خیال نہ رہا کہ یہ اپنی ہی کاروائی ہے۔ برس پڑے۔"اب دیکھو تو اس کی حالت۔ یہ انسانوں کا برتا ہوا معلوم ہوتا ہے؟ اللہ

جانے بد تہذیب کہاں کہاں۔۔۔"

داغ اچھی طرح دیکھنے سے چچا کو یاد آگیا کہ یہ بنیان ان کے اپنے کمرے کے آتشدان میں سے بر آمد ہوا ہو گا۔ چنانچہ فوراً کپڑوں میں ملا دیا اور ارشاد ہوا۔ "چلو اب جو ہے سو ہے۔ لو اب کپڑوں کو الگ الگ کرو کہ کون سا کپڑا کس کا ہے؟"

دس ہاتھ کپڑے الگ الگ کرنے میں مصروف ہو گئے۔ ہر ایک کو اپنی کار گزاری دکھانے کا خیال۔ دھوبن چیخ رہی ہے۔ "اے میاں جانے دو۔ اے بھائی رہنے دو۔ میں ابھی آپ الگ الگ کر دوں گی۔" مگر بچے کہاں سنتے ہیں۔ کوئی کہتا ہے "یہ میری قمیص ہے۔ کوئی کہتا ہے تم "ھاری کہاں سے آئی۔" یہ تو میری ہے۔" کسی کا کوٹ پر جھگڑا ہے۔ کسی کا واسکٹ پر۔ کوئی کرتے کی ایک آستین کھینچ رہا ہے ،کوئی دوسری۔ کسی کی پاجامے کے پائنچوں پر رسہ کشی ہو رہی ہے۔ کپڑے چر رچر ر پھٹ رہے ہیں۔ چچا سب کے ناموں کی فہرست بنانے میں مشغول ہیں۔ بیچ میں سر اٹھا اٹھا کر ڈانٹتے بھی جا رہے ہیں۔ "پھاڑ دیا نا؟ اب کے بنانے کو کہیو کوئی نیا کپڑا۔ جو ٹاٹ کے کپڑے نہ بنا کر دیے ہوں۔ چلے جاؤ سب یہاں سے۔ ہم اکیلے سب کام کر لیں گے۔"

بچوں اور نوکروں کا قافلہ رخصت ہوا اور دھوبن کے ساتھ مل کر فہرست بنی شروع ہوئی۔ اسے ہدایت دی گئیں کہ "دیکھ ہم پوری فہرست بنائیں گے کپڑوں کی۔ سب کے کپڑے جدا جدا لکھوانے ہوں گے۔ اور ساتھ ہی بتانا ہو گا کہ اتنے کپڑے گرم ہیں، اتنے ریشمی، اتنے سوتی۔"

دھوبن بولی۔ "یوں ہی تو ہمیشہ لکھے جاتے ہیں۔"

چچا کو اپنی اس قابلِ قدر اور مہتم بالشان تجویز کی داد نہ ملی تو آپ دھوبن سے چڑ گئے۔ "پگلی کہیں کی۔ ہر روز تو گھر میں ہلڑ مچا رہتا ہے کہ اس کی قمیص بدل گئی، اس کا پاجامہ نہیں ملتا۔ اور کہتی ہے کہ یوں ہی لکھے جاتے ہیں کپڑے۔ یوں کسی کو لکھنا آتا تو یہ روز روز کی جھک جھک کیوں ہوا کرتی؟"

دھوبن چپکی ہو رہی۔ کپڑے گننے شروع کر دیے۔ پر اب پہلے ہی کپڑے پر نئی بحث چھڑ گئی۔ دھوبن کہے کہ قمیص چھٹن میاں کی ہے یہ۔ چچا مصر ہیں کہ نہیں بنو کی ہے۔ دھوبن کہتی ہے۔ "میں کیا پہلی بار کپڑے لے جا رہی ہوں۔ اتنی بھی پہچان نہیں مجھ کو؟" چچا کہتے ہیں۔ "احمق کہیں کی۔ کپڑا بازار سے لاتے ہیں ہم، سلواتے ہیں ہم، روز بچوں کو پہنے ہوئے دیکھتے ہیں ہم اور پہچان تجھے ہو گی؟" شہادت کیلئے بندو کو بلوایا گیا۔ چچا نے اس سے پوچھا۔ یہ قمیص بنو ہی کی ہے نا؟ بندو کی کیا مجال کہ میاں کی تردید کرے۔ ڈرتا ڈرتا بولا۔ "معلوم تو کچھ ان ہی کی سی ہوتی ہے۔ پر وہ آپ ہی ٹھیک بتائیں گی۔" بنو کی طلبی ہوئی۔ وہ آتے ہی بولیں۔ "واہ یہ پھٹی پرانی قمیص میری کیوں ہوتی، چھٹن ہی کی ہو گی۔"

دھوبن کو چچا کے مزاج کی کیفیت کیا معلوم، کہہ بیٹھی "میں نہ کہتی تھی۔" چچا کو آگ لگ گئی۔ "اولیاء کی بچی ہیں نہ یہ تو۔ انہیں کیوں نہ معلوم ہو گا۔ منہ پھٹ بدتمیز کہیں کی۔ دوسرا دھوبی رکھ لوں گا میں۔"

کامل ایک گھنٹے کی محنت کے بعد کہیں فہرست بن کر تیار ہوئی کہ کون سا کپڑا کس کا ہے۔ اور کس کے کپڑے کتنے ہیں۔ اب جناب ادھر دھوبن سے کہا گیا کہ تو سب کے کپڑے گن، ادھر اپنی فہرست کی میزان ملانی شروع کی۔ دھوبن گنتی ہے تو

اُنسٹھ عدد بنتے ہیں۔ چچا اپنی میزان ملاتے ہیں تو اکسٹھ کپڑے ہوتے ہیں۔ دھوبن بار ار کہتی ہے۔ "میاں ٹھیک طرح جوڑو انسٹھ ہی ہیں۔" پر چچا ہیں کہ بگڑے جارہے ہیں۔ "تیرا جوڑنا ٹھیک اور ہمارا جوڑنا غلط ہو گیا؟ جاہل کہیں کی۔ اٹھ کر دیکھ نیچے دبائے بیٹھی ہو گی "۔ دھوبن غریب ہر طرف دیکھتی ہے۔ بار بار کپڑے گنتی ہے۔ وہی انسٹھ نکلتے ہیں۔ چچا کی نظروں کے سامنے بھی ایک مرتبہ گن دیے۔ وہی انسٹھ ہی نکلے۔ آخر نئے سرے سے تمام کپڑوں کا مقابلہ کیا گیا۔ کوئی گھنٹہ بھر کی تحقیق کے بعد معلوم ہوا کہ دھوبن نے بتائے تھے دو جوڑی موزے اور چچا نے لکھے تھے چار۔ دھوبن انھیں دو عدد گنتی تھی اور چچا چار عدد۔ اس پر پھر بیچاری دھوبن کے لتے لیے گئے۔ "جوڑی کیا معنی؟ چار نہیں تھے موزے؟ یوں تو چاروں مالوں کو بھی دو جوڑی لکھوا دے تو یہ ہمارا قصور ہو گا؟ لے کر اتنا وقت مفت میں ضائع کروا دیا۔ ساری عمر کپڑے دھوتے گزر گئی اور ابھی تک کپڑے گننے کا سلیقہ نہیں آیا۔"

بارہ بجے دھوبن آئی تھی، چار بجے رخصت ہوئی۔ چچا چھکن فراغت پانے کے بعد فہرست چچی کو دینے آئے۔ بولے۔ "نمٹا دیا ہم نے دھوبن کو۔"

چچی جلی ہوئی تھیں، بولیں۔ "گھر پر قیامت بھی تو گزر گئی۔ کوئی بچہ ننگ دھڑنگ پھر رہا ہے، کوئی غسل خانے میں کپڑوں کے لیے غل مچا رہا ہے۔ دھوبن دکھیا الگ کھسیانی ہو کر گئی ہے۔ آدھا دن برباد کر کے کس مزے سے کہتے ہیں کہ نمٹا دیا ہم نے دھوبن کو۔"

چچا چڑ گئے۔ "تمھیں کبھی چھوٹے منہ سے داد کے دو لفظ کہنے کی توفیق نہ ہوئی۔" چچا روٹھ کر چارپائی پر پڑ رہے۔

چچی نے پوچھا۔"پاجاموں میں سے ازار بند بھی نکال لیے تھے ؟"چچا کی آنکھیں کھلیں مگر جواب نہ دیا۔ بڑے مناسب وقت پر روٹھ گئے تھے۔

اتنے میں فہرست دیکھ کر چچی بولیں۔"اور یہ میری ریشمی قمیص کون سی ؟ ہلکے فیروزی رنگ کی ؟اے غضب خدا کا۔ میں نے تو وہ استری کرنے کو الگ رکھی تھی۔ کم بخت دو کوڑی کی کر لائے گی۔ اور اس میں سے میرے سونے کے بٹن بھی اتار لیے تھے یا نہیں ؟"

اب تک تو چچا کی تیوری چڑھی ہوئی تھی، سونے کے بٹن کا سنا تو ہڑ بڑا کر اٹھ بیٹھے۔ "بٹن ؟ سونے کے ؟ تمھارے ؟ تمہیں میری قسم !ہئی ہے !وہ تو نہیں اتارے ہم نے۔"

جوتی پہنتے ہوئے چچا باہر بھاگے۔"ارے بھئی چلی گئی دھوبن !او بندو چلی گئی دھوبن !ارے امامی کدھر گئی دھوبن ؟ارے دوڑیو، ارے بھئی جانا، پکڑنا، لے کر آؤ منہ کیا تکتے ہو، سونے کے بٹن لے گئی اماں سونے کے بٹن، تمھاری چچی کے۔ اس کا گھر کدھر ہے ؟چوک سے مڑ کر کدھر کو ؟اماں خونچے والے !کسی دھوبن کو جاتے دیکھا ہے ؟ار بھئی ریوڑیوں والے !کوئی دھوبن ادھر تو نہیں گئی ؟۔۔۔او بھائی گنڈیریوں والے !کوئی دھوبن ۔۔۔۔۔۔دائیں ہاتھ کو ؟اس طرف کو؟۔۔۔؟۔۔۔ابھی تک چچا بٹن لے کر واپس نہیں آئے۔

***

۳

چچا چھکن نوچندی دیکھنے چلے

خدا نہ کرے جو چچا چھکن کو کہیں کا سفر در پیش ہو۔ وہ آفت مچاتے اور دھوم دھڑکا کرتے ہیں کہ خدا کی پناہ! بڑے شکر کا مقام تو یہ ہے کہ خود سفر سے کتراتے ہیں۔ چُھنو آپا کی شادی ہوئی۔ چچی بیچاری جانا جانا کرتی رہ گئیں، پر چچا نے لکھ بھیجا۔ ننھی کو گئے دنوں پسلی ہو گئی تھی۔ حکیم جی ابھی سفر کی اجازت نہیں دیتے۔ بنو آپا کے ہاں پہلو نٹھی کا لڑکا ہوا۔ چچی غریب نے بچے کیلئے کچھ نہیں تو درجن بھر جوڑے تیار کیے ہوں گے۔ خود لے کر جانا چاہتی تھیں، پر چچا نے عین وقت پر ارادہ فسخ کر دیا۔ پارسل کے ساتھ خط میں لکھ بھیجا۔ "چُھٹن کی باری ابھی نہیں ٹلی۔ مجبور ہوں کہ ابھی نہیں آسکتا۔"

چچی غریب کا کہنا تو بآسانی ٹل جاتا ہے، پر جہاں کہیں یاروں دوستوں نے کسی میلے یا عرس پر جانے کی تیاریاں کیں، چچا سے ساتھ چلنے پر اصرار کیا، ذرا وہاں کی رونق اور گہما گہمی بیان کر دی، ساتھ ہی طعنہ دیا۔ "اما جا چکے تم۔ گھر سے اجازت ہی نہیں ملنے کی۔ ڈانٹ دیں گی بیگم صاحبہ،" بس تڑپ اٹھے چچا۔

"واہ! وہ نیک بخت تو خود مجھ سے کہتی رہتی ہے کہ کبھی گھر سے نکلا بھی

کرو۔ اور اگر نہ بھی کہتی ہو تو میں کسی کا بندھا غلام ہوں کہ جی چاہے اور نہ جاؤں۔ بھئی تمھیں ہماری ہی قسم جو اب جانے کا ارادہ ملتوی کرو۔"

یہ صورت حالات ہو تو اللہ ہی نے کہا ہے کہ اس قسم کے ہر سفر پر چچا اور چچی میں کھٹ پٹ ہو جائے۔

ابھی پچھلی ہی نوچندی پر منے مرزا اور نوشہ میاں نے میرٹھ چلنے کی ٹھانی۔ چچا سے ٹھہری ان کی دانت کاٹی روٹی۔ دو چار فقرے جو کسے تو چچا چلنے پر آمادہ ہو گئے۔ شام کو روانگی کا ارادہ تھا۔ صبح ناشتے کے وقت باتوں باتوں میں چچی اماں سے اس کا ذکر کیا۔

"وہ منے اور نوشاہ جا رہے تھے نوچندی میں۔ کہو تو ہم بھی ہو آئیں؟"

چچی اماں بھڑک اٹھیں۔ "اللہ سمجھے اس منے اور نوشاہ سے۔ خدائی خوار کہیں کے۔ کبھی کوئی نیک راہ نہ دکھائی۔ میں کہتی ہوں، یہ تو تمھاری عمر۔ بال کھچڑی ہو گئے۔ خیر سے کئی کئی بچوں کے باپ بن چکے۔

ابھی میلے ٹھیلے کا شوق نہیں گیا؟ مجھ سے پوچھتے ہیں کہ کہو تو ہم بھی ہو آئیں۔ جیسے میرے ہی کہے میں تو ہیں۔ کنبے میں شادی غمی کے بیسیوں موقعے گزر گئے۔ کہتی رہ گئی کہ وقت گزر جاتا ہے، بات رہ جاتی ہے۔ بس ایک دو روز کے لیے مجھے لے چلتے۔ ٹلا ٹلا دیا۔ غضب خدا کا سفید بال ہوتے جھوٹے بہانے لکھ لکھ کر بھیج دیے۔ کسی کو منہ دکھانے کے قابل نہ چھوڑا۔ آ نوچندی کے لیے مجھ سے پوچھنے آئے ہیں کہ کہو تو ہم بھی ہو آئیں۔ جاؤ شوق سے جاؤ۔ میں نے پیروں میں بیڑیاں ڈال رکھی ہیں۔ میرا کیا ہے، دنیا کہے گی، بوڑھے منہ مہاسے لوگ آئے تماشے

دیکھنے۔ باسی کڑھی کا ابال۔ پڑی کہے مجھے تو جب خیال ہوتا جو میرے کہے میں ہوتے۔"

ایسے موقعوں پر بچے غریب ضرور کوئی خطا کر بیٹھتے ہیں۔ چھٹن دکھیا صحن میں بیٹھا مرغی کے بچوں کو دانہ کھلا رہا تھا، چچا کی نظر پڑ گئی۔ "یہ کیا ہو رہا ہے چھٹن؟ بس صبح ہوئی نہیں اور تیرا مرغی کے بچوں کا کھیل شروع ہو گیا۔ تختی لکھ لی؟ آموختہ دہرایا؟ نالائق کہیں کا۔ سال بھر ہو گیا مولوی صاحب سے پڑھتے۔ ابھی تک لکھنا نہیں سیکھا۔ جب دیکھو مرغی کے بچوں کا کھیل۔ یہ ہوتے ہیں اشرافوں کے بچوں کے لچھن؟ مرغ باز بننا ہے تجھے؟ اٹھ یہاں سے۔ چل اپنی کتاب پڑھ۔"

اس کے بعد چچا امامی کو حقہ تازہ کرنے کا حکم دے کر دیوان خانے میں چپ چاپ جا بیٹھے۔

گھنٹے بھر کے بعد چچی نے ادھر سے گزرتے گزرتے دیوان خانے کا کواڑ کھول کر پوچھا۔ "وہ کیا اسباب جائے گا ساتھ؟ بتا دیتے تو بندھ جاتا۔"

چچا نے بیٹھے بیٹھے کڑک کر جواب دیا۔ "میں نہیں جا رہا۔"

چچی اندر چلی گئیں۔ بولیں۔ "یہ بگڑ کس بات پر بیٹھے؟ اے بس اتنی سی بات میرے منہ سے نکل گئی نا کہ کنبے میں سے بلاوے آئے تو ٹال ٹال گئے اور نوچندی جانے کی جھٹ پٹ تیاری کر لی تمہیں کہو کچھ جھوٹ کہا تھا میں نے؟"

چچا نے بگڑ کر کہا۔ "بس کان نہ کھاؤ میرے۔ کہہ جو دیا میں نہیں جا رہا۔"

چچی کو بھی غصہ آ گیا۔ "نہیں جاتے نہ جاؤ۔ میری بلا سے رانی روٹھیں گی اپنا سہاگ لیں گی۔۔۔۔۔۔اور نہیں تو۔"

یہ کہہ چچی زور سے کواڑ بند کر کے اندر چلی آئیں۔

ذرا سی دیر بعد منے اور نوشاہ آ پہنچے۔ دروازے کی چق اٹھا کر باہر ہی کھڑے کھڑے بولے۔ "بس بس بیٹھیں گے نہیں اس وقت۔ پوچھنے آئے تھے کہ تیار ہونا ؟ کہیں عین وقت پر بہانے بنانے بیٹھ جاؤ۔ ساڑھے چار چھوٹ جاتی ہے گاڑی۔ ذرا اس کا خیال رہے۔"

دوپہر تک چچا دیوان خانے میں ہی بیٹھے رہے۔ دے حقہ پر حقہ اور پان پر پان۔ دوپہر کا کھانا بھی وہیں منگوایا۔ امامی جھوٹے برتن اٹھا کر چلنے لگا تو اس سے کہا۔ "دیکھ بیوی سے جا کر کہہ دے اسباب بندھ جائے گا، آپ بس ناشتے کا انتظام کر دیجیے۔"

پیغام بھیج کر چچا کان کواڑ سے لگائے سنتے رہے، کہ کیا جواب ملتا ہے۔ چچی سن کر چپ ہو رہیں، تو آپ کواڑ کھول اندر آ گئے۔ دو ایک مرتبہ زنان خانے میں آئے گئے۔ کبھی رستے میں تھم گئے مڑنا چاہا نہ مڑے۔ بڑھے چلے گئے۔ پھر یک لخت مڑ گئے۔ کھڑے ہو کر داڑھی کے بالوں میں سے ٹھوڑی کھجائی۔ پھر سیدھا اپنے کمرے کا رستہ لیا۔ ذرا سی دیر کے بعد کرتے کے اندر ہاتھ ڈال کر سینہ کھجلاتے ہوئے باہر نکل آئے۔ کچھ دیر چبوترے پر کھڑے رہے پھر غراپ سے اندر۔

آواز آئی۔ "او امامی ! یہاں آئیو!"

گھر بھر کے کان کھڑے ہوئے کہ ہوئیں سفر کی تیاریاں شروع ذرا جائیو تو بھاگ کر اللہ بخش درزی کے ہاں۔ کہنا میاں آج نوچندی میں جا رہے ہیں انگر کھا سل گیا ہو تو دے دے۔ اور نہ سلا ہو تو یاد کر کے کہہ دیجیو، میاں کہتے تھے سلائی

نہیں ملنے کی۔ سمجھ گیا؟"

ادھر امامی رخصت ہوا ادھر مودے کی باری آئی۔"مودے!ارے او مودے! یہاں آئیو! جانا ذرا ماتا دین کے ہاں۔ پرسوں اس نے وعدہ کیا تھا کہ آج ہمارے کپڑے دھو کر دے دے گا۔ اس سے کہیو۔ میاں آج نوچندی میں جا رہے ہیں کپڑے دھل گئے ہوں تو دے دے۔ سمجھ گیا؟ جائیو تو جھپاک سے۔ اور ہاں سننا دو جوڑے ہیں ہمارے۔ ایک میں غرارہ ہے اور ساتھ ایک انگر کھا ہے۔۔۔۔۔ ہئی ہے! وہ امامی چلا گیا درزی کے ہاں؟ اب کیا کروں؟ یہ بندو کہاں گیا؟ او بندو! ارے بندو! جانا تو بھاگ کے امامی کے پیچھے اللہ بخش درزی کے ہاں اور اس سے کہیو کہ ایک انگر کھا جو نمونے کا دے رکھا ہے وہ بھی دے دے۔ میاں نو چندی میں جا رہے ہیں۔ نیا انگر کھا سلا ہو یا نہ سلا ہو، نمونے کا انگر کھا لے لینا سمجھ گیا ؟ دوڑ کر جا۔۔۔ ہاں تو کہیو ماتا دین سے کہ میاں نوچندی میں جا رہے ہیں۔ سمجھ گیا۔ دو جوڑے ایک انگر کھا، ایک رومال، ایک بنیان، ایک ازار بند، سب چیزیں گن کر لیجیو، اور دیکھنا راستے میں کچھ گرا نہ دینا۔ دیکھوں تو کتنی جلدی آتا ہے۔"

ملازم کام پر روانہ ہو گئے تو اب گھر کے لوگوں کی باری آئی۔"ارے بھئی کہاں چھپ کر بیٹھ رہے تم سب لوگ؟ کام نظر آیا اور بس روح ہوئی فنا۔ یوں نہیں کہ مل ملا کر ختم کر دیں قصہ۔ ارے بھئی یہاں آؤ۔ تم میر ا بستر اٹھا کر لاؤ للو۔ بنو بیٹی! جاؤ تم غسل کھانے میں سے ہماری صابن دانی، منجن کی ڈبیا اور تولیا لے آؤ۔ چھٹن ارے چھٹن! جانا اپنی اماں کے کمرے میں۔ وہاں سے ہمارا آئینہ، کنگھا اور تیل کی شیشی اٹھا لا۔ سب چیزیں لا کر یہاں فرش پر رکھ دو اور یہ تم کہاں چلے ددّو؟"

بھئی کہا جو ہے کہ ٹھہرے رہو تھوڑی دیر یہیں۔ جانتے ہو شام کی گاڑی سے نوچندی دیکھنے جا رہا ہوں۔ کام کی یہ کثرت ہے اور سر کے چلے! جاؤ میرا بکس اٹھا لاؤ۔ اور پھر اپنی چچی اماں سے جا کر کہنا پچھلی دھلائی آئی تھی تو ہمارے دو رومال آپ کے کپڑوں میں چلے گئے تھے۔ وہ نکال دیں۔۔۔بنو بیٹی لے آئیں سب چیزیں ؟شاباش شاباش۔ یہاں رکھ دو۔ پر یہ کیا اٹھا لائیں تم ؟یہ میری منجن دانی ہے سامنے رکھی ہوئی چیز نہیں دکھائی دیتی۔ ارے چھٹن کون سا آئینہ اُٹھائے لا رہا ہے۔ بھئی بڑا پریشان کیا ہے ان لوگوں نے۔ ارے احمق ہمارا آئینہ ہمارا آئینہ !"

گھنٹے بھر کی تو تو میں میں کے بعد کہیں سب چیزیں کمرے میں جمع ہوئیں اور چچا نے اُنھیں بکس میں رکھنا شروع کیا۔ تمام نوکر اور بچے اردل میں موجود۔ چیزیں زیادہ، بکس میں جگہ کم۔ چچا ایڑی چوٹی کا زور کا لگا کر انہیں ٹھونس رہے ہیں پر کسی طرح نہیں سماتیں۔ زور لگا لگا کر منہ لال ہو رہا ہے۔ پیشانی سے پسینے کی بوندیں ٹپک رہی ہیں۔ ایسے موقع پر کسی کو ہنسی آجانا بڑا خطرناک ہوتا ہے۔ چچا چونک کر مڑتے ہیں۔ "کون تھا یہ ؟نالائق بد تمیز کہیں کے۔ ہنسی کی کیا بات تھی ؟کوئی تماشہ ہو رہا ہے یہاں ؟ریل کا وقت سر پر آگیا ہے اور انہیں ہنسی سوجھ رہی ہے۔ نکلو یہاں سے باہر جا کر ہنسو۔"

ادھر کمرے میں سے قافلہ نکلتا ہے، ادھر آواز آتی ہے۔ "ارے کم بختو! کہاں جا کر مر رہے سب کے سب ؟او امامی !ارے او بندو!سانپ سونگھ گیا کیا ؟یہاں آخر بکس کا ڈھکنا بند کراؤ۔ بیٹھو اس کے اوپر چڑھ کر۔"

بکس بند ہو چکا تو اب بستر کی باری آئی۔ "ابے یوں نہیں یوں۔ اس طرح

موڑ۔ اندھے ادھر دیکھ۔ میں کیا کر رہا ہوں۔ اب لپیٹ۔ اچھی طرح دبا کر جان بھی ہے ہاتھوں میں ؟ کھانا کھا کر سانڈ تو بن گیا ہے اور بستر نہیں لپیٹ سکتا ؟ ابے اس طرح۔ یوں۔ بس اب بیٹھا رہنا اوپر۔ ہٹیو مت۔ میں نکالتا ہوں رسی نیچے سے ! ہا گدھے ! ساری کی کرائی پر پانی پھیر دیا۔"

یہاں بستر ہی سے کشتی ہو رہی تھی، ادھر منے مرزا اور نوشاہ میاں تیار ہو کر آن بھی پہنچے۔ آوازیں آنی شروع ہو گئیں۔ "اماں چلو۔ اب کیا ہو رہا ہے اندر ؟ آدھ گھنٹہ رہ گیا ہے ریل کے چھوٹنے میں۔ ارے بھئی کون سا مہینوں کا سفر ہے کہ رخصت ہونے میں گھنٹے صرف ہو گئے ؟ اب نکل بھی چکو گھر میں سے۔ سامان تو بھجوا دو کہ تانگے میں رکھ دیا جائے۔"

ادھر اندر چچا بستر باندھ رہے ہیں۔ ہاتھ پاؤں پھولے ہوئے ہیں۔ اور پکار پکار کر احکام سنا رہے ہیں۔ "اماں للو ! دیکھنا وہ ناشتہ بھی بندھ گیا؟ اپنی اماں سے کہنا ایک لوٹا اور ایلومینیم کا گلاس بھی نکال دیں۔ ارے بھئی ودو ! کسی سے کہو اسباب باہر پہنچانا شروع کرے۔ ہئی ہئی وقت تو بہت ہی تھوڑا رہ گیا۔ ارے بھئی کہہ دو باہر کہ بس ابھی آیا۔ ذرا میری اچکن اور ٹوپی کھونٹی پر سے اتار دینا۔ اور اپنی چچی سے کہنا۔ کچھ روپے بھی سفر خرچ کیلئے نکال دیں۔ اماں آرہا ہوں منے آرہا ہوں۔ تم تو ہوا کے گھوڑے پر سوار ہو گئے۔ اسباب باندھ رہا تھا۔ بس آیا۔"

اتنے میں چچی کمرے میں آگئیں۔ بولیں "اور یہ نئی وصلی کی جوتی ساتھ نہ لیتے گئے ؟"

چچا پاگلوں کی طرح مڑ کر دیکھتے ہیں تو جوتی بندھنے سے رہ گئی ہے۔ "اب کیا

کروں ؟ریل کا تو وقت ہو گیا۔ اماں ٹھونس بھی دو بستر میں کہیں۔نہ نہ یوں تو گڑ پڑے گی۔ تم کھول لو بستر۔ارے بھئی جلدی کرو۔ ریل کا وقت ہو گیا۔ اماں آرہا ہوں نوشے ! چھٹن بیٹے باہر جا کر کہنا اسباب باندھ رہے ہیں۔ابھی آئے۔اماں کھول بھی چکو بستر۔ لاحول ولا۔ ارے بھئی کاٹ بھی دو رسیوں کو ذرا سا تو وقت رہ گیا ہے۔"

بستر کھلا پڑا تھا۔ کہ چچی پوچھ بیٹھیں۔"کوئی موزوں کی جوڑی بھی رکھ دی صندوق میں ؟"

چچا بستر چھوڑ چچی کا منہ تکنے لگے۔"موزے ؟رکھ ہی لیے ہوں گے کہ اللہ جانے رہ گئے!کچھ یاد نہیں آتا۔ارے بھئی کھولنا جلدی سے صندوق۔ تم بستر باندھو للو۔یہ رہی چابی صندوق کی۔ کھولتا ہوں۔ریل کا تو وقت ہو گیا۔ ارے اماں ودو!جا کر کہنا باہر کہ بس میں آیا کہ آیا۔بنو بیٹھی دیکھنا تو ذرا صندوق میں موزے۔ارے بھائی بستر نہیں بندھا اب تک ؟ اب کہیں باندھ بھی چکو۔اس کونے میں دیکھیو۔موزے ہونگے تو ادھر ہی ہوں گے۔یہ رکھے تو ہیں۔خواہ مخواہ وقت ضائع کرواتی ہیں۔ دوسرے کو تو نرا احمق سمجھ رکھا ہے۔ارے بھئی بس بند کرو صندوق۔یہ نفاستیں رہنے دو۔چیزیں جیسی ہیں،اب پڑی رہیں۔ خدا کے لیے تالا لگاؤ تم۔کہاں گیا تالا ؟ارے بھئی کون لے گیا؟کس نے اٹھالیا تالا ؟"

لیجیے تالے کی ڈھنڈیا پڑ گئی۔ جسے دیکھیے آنکھیں پھاڑ پھاڑ کر فرش پر تالا تلاش کر رہا ہے۔اتنے میں معلوم ہوا کہ چچا جان کے ہاتھ ہی میں تھا۔

چچا شیر وانی کی آستینوں میں ہاتھ ڈالتے ہوئے زنان خانے سے نکلے تو انتظار کر

کر کے منے مرزا اور نوشاہ میاں اسٹیشن پر جا چکے تھے۔

"ارے امامی! لپک کر کوئی اکا تو پکڑ۔ ذرا آگے بڑھ کر دیکھ پیسے ٹھیک کر لیجو۔ تم عدد گنو للو، اور ہمارے ساتھ کون جائے گا؟ وِدّو تم چلنا۔ اور تو امامی۔ اے لو وہ آگیا اکا۔ اسباب لادو۔ تم سوار ہو جاؤ وِدّو۔ تو بھی بیٹھ جا امامی۔ پیسے ٹھہرا لیے نا اکے والے سے؟ لے میر ا بھائی، اب ہوا کی طرح چل۔ نوچندی پر جارہے ہیں ہم۔ ریل کا وقت ہو گیا ہے اڑ کر چل۔ رہ نہ جائیں گاڑی سے۔ عدد گن لیے تھے ودو؟ اور وہ پانوں کی ڈبیا؟ ہئی ہے خیال ہی نہ رہا۔ چلو نوشے کے پاس ہوں گے پان۔ ارے بھئی ذرا چال دکھا جانور کی۔۔۔ ایسے نکمے لوگ ہیں کہ خدا کی پناہ! بس ذرا کام ہو بوکھلا جاتے ہیں۔ یوں نہیں آرام آرام سے مزے مزے سے فارغ ہو جائیں۔ گھنٹوں پہلے تیاری شروع کرو، وقت پر وہی جھینکنا۔ عاجز آگیا ہوں میں تو۔"

خدا خدا کر کے کہیں اسٹیشن پر پہنچنا ہوا۔ وہاں قلیوں سے بات نہ ٹھہر سکی۔ اچھی خاصی ردو قدح کے بعد بکس اور بستر امامی کے سر پر رکھ کر پل کا رخ کیا۔ وہاں بابو سے معلوم ہوا کہ ٹکٹ کے بغیر ریل کے سفر کی کوشش جرم ہے۔

چچا لاحول پڑھتے ہوئے ٹکٹ گھر کی طرف دوڑے بابو سے میرٹھ کا ٹکٹ مانگا تو معلوم ہوا کے کل صبح سے پہلے کوئی گاڑی میرٹھ روانہ نہ ہو گی۔

***

۴

چچا چھکن نے تیمارداری کی

چچا چھکن دل میں بخوبی جانتے تھے کہ تیمارداری ان کے بس کا روگ نہیں ہے۔ اس کے لئے جس جفاکشی، سکونِ خاطر اور صبر و استقلال کی ضرورت ہے وہ انھیں چھو نہیں گیا۔ اسی وجہ سے عام طور پر اپنی تیمارداری کو عیادت کے درجے سے آگے نہیں بڑھنے دیتے۔ لیکن طبیعت کے ہاتھوں ایسے ناچار ہیں کہ ذرا سی بات میں تاؤ کھا جاتے ہیں چنانچہ ایک روز آگا پیچھا سوچے بغیر تیمارداری کے میدان میں جوہر دکھانے پر آمادہ ہو گئے۔ کچھ ایسا معلوم ہوتا ہے کہ چچی کے سلیقے میں انھیں اپنے سگھڑاپے کی توہین نظر آتی رہتی ہے۔ پھر اگر کسی بات میں چچی اپنی عرق ریزی اور انکی فراغت کی طرف بھی اشارہ کر دیں تو چچا آپے سے باہر ہو جاتے ہیں اور "دلِ ناتواں" مقابلہ کیے بغیر باز نہیں رہ سکتا تھا۔ خیر گھر کے دوسرے قصوں میں جو آئے دن پیش آتے رہتے ہیں، ان مقابلوں کا نتیجہ سبق آموز ہو یا نہ ہو، چچا غیرت والے ہیں تو آئندہ کسی کی تیمارداری کا بیڑا اٹھائیں گے نہیں۔

بات یوں ہوئی کہ پچھلے دنوں للّو غریب کو نکلا موتی جھرہ۔ شب برأت سے اگلے روز جو ٹُلہُلا کر بخار چڑھا ہے تو اکیس دن گزر گئے، ٹس سے مس نہ ہوا۔ گھر میں

کام کرنے والی لے دے کے ایک چچی، وہ غریب کیا کریں ؟ گھر اُٹھائیں، ہنڈیا چولھا دیکھیں، بچے سنبھالیں یا ہر وقت بیمار کی پٹی سے لگی بیٹھی رہیں ؟ ادھر بیمار کے پاس آ کر بیٹھیں، ادھر ماما کی آواز آگئی۔ "بیوی دال دے جاتیں کہ میں بِین لیتی۔ نہیں کِر کَل رہ جائے گی۔" باورچی کھانے میں پہنچیں تو للو نے ٹھنکنا شروع کر دیا کہ میں تو اماں ہی کے ہاتھ سے پانی پیوں گا۔ کس کو ٹالیں اور کس کی خبر لیں۔ دن اسی قواعد میں گزرتا۔ رات آنکھوں میں کٹتی۔ پھر ایک دن نہ دو دن،۔ میعادی بخار، تین ہفتے کی محنت نے ادھ مؤا کر ڈالا۔ اکیسویں دن سے آس لگائے بیٹھی تھیں کہ بخار ٹوٹ جائے گا۔ لیکن اکیسواں دن بھی آیا اور صاف گزر گیا۔ ایک ہفتہ پہاڑ کی طرح سر پر آکھڑا ہوا۔

تیسرے پہر بیٹھی تولیے سے للو کے جھانواں کر رہی تھیں کہ کہیں چچا نے امامی کے ہاتھ پان کی ڈبیا اندر بھیج دی، ساتھ کہلا بھیجا۔ "خوب اچھی طرح بھر دیں۔" چچی فکر مند تو بیٹھی تھیں۔ ادھر ہاتھ بھی رکا ہوا تھا، بگڑ کر بولیں۔ "لے جا اٹھا کے پاندان۔ بھرتے رہیں گے آپ ہی۔"

پاندان کے جواب میں چچا خود آموجود ہوئے۔ "وہ پاندان بھیج دیا تم نے۔" چچی غصہ کڑوے گھونٹ کی طرح پی گئیں۔ صرف اتنا کہا۔ "اور کیا بیمار کی چر پائی اٹھوا کر بھیجتی ؟"

چچا کو اس کی شرح سمجھنے کی جرأت نہ ہوئی۔ چچی کے تیور ڈھب تھے، للو سے مخاطب ہو گئے۔ "کیوں بے یار للو! راوی چین لکھتا ہے نا؟ بڑے ٹھاٹھ سے جھانواں کروا رہے ہو استاد۔ اب یہ کہو تم اٹھتے کب ہو ؟"

چچی سے رہا نہ گیا۔ بولیں "جلدی اٹھ بیٹھ بیٹے۔ ابا فکر کے مارے دبلے ہوئے جا رہے ہیں۔"

اب اتنے کھلے وار پر چچا کے لیے چپ رہنا کیسے ممکن تھا، بولے "یعنی تم سمجھتی ہو تمھارے سوا کسی کو بچے کی فکر ہی نہیں؟"

چچی کے لیے بات کھول کر کرنے کے سوا چارہ نہ رہا۔ "بڑا تیر مارا کہ دو روز تیمارداری کر لی۔ سمجھ بیٹھیں کہ ہمچو من دیگرے نیست۔ جناب نے تو ایک بچے کی تیمارداری کی ہے 'میں بیسیوں جوانوں کی تیمارداری کر چکا ہوں۔ اور اب بھی میں نے اگر زیادہ دخل نہیں دیا اور دل مار کے چپکا بیٹھا رہا تو کس کے خیال سے؟ تمھارے کہ بھئی ماں ہے اسے بچے کی مامتا ہے جو جی چاہے کر لینے دو ورنہ مجھے خود کب گوارا تھا کہ بیمار بچے کو تمھارے ہاتھ میں چھوڑ دوں۔"

چچی سر پھیرتے ہوئے بولیں۔ "کبھی اتنی توفیق تو ہوئی نہیں کہ گھڑی دو گھڑی بیمار بچے کے پاس آ کر بیٹھ جائیں۔ آجاتے ہیں صبح شام ناک پر دیا جلا کر کہ اتر گیا ہو گا بخار۔ کیا بات اب تک اترا کیوں نہیں 'تیز ہے؟ او ہو!۔۔۔۔۔۔ یہ تیمارداری کریں گے۔"

چچا چھکن دشنام سن سکتے ہیں لیکن ایسا طعنہ جس میں ان کی قابلیت کے کسی پہلو کی طرف اشارہ ہو اور پھر چچی کی زبان سے 'ان کی برداشت سے باہر ہے۔ انھیں غالباً دل ہی دل میں کچھ ایسا محسوس ہوتا ہے گویا اس میں مضمر ہے کہ چچی نے ان کی بیوی بن کر ان پر بڑا احسان دھرا ہے اور بیوی کا احسان لینا ان کی مردانگی کسی صورت گوارا نہیں کر سکتی۔ بغیر سوچے سمجھے بولے۔ "جائیے آپ باورچی خانے میں

تشریف لے جایئے، میں آپ کرلوں گا تیمارداری۔"

چچی ایسے دعووں کی حقیقت سے بخوبی واقف ہیں، ناک چڑھا کر بولیں۔ "کیا کروں، پتھر تلے ہاتھ دبا ہے، ڈاکٹر نے کہہ رکھا ہے، ایک سے زیادہ تیماردار بچے کے پاس نہ رہے 'گھر میں شور غل نہ ہو ورنہ مجھے تو انکار نہ تھا۔ کہہ دیتی یہ ارمان بھی شوق سے نکال دیکھو۔"

نہ معلوم چچا ایسے موقعوں پر جان بوجھ کر انجان بن جاتے ہیں یا اسی قسم کے گزشتہ دعووں کے عواقب انھیں یاد نہیں رہتے، بولے "تم ایک تیماردار اور میں ایک سے زیادہ ہو گیا؟ وہ کیوں؟ اور یہ شور غل کیسا؟ تم تو جیسے چپ شاہ کا روزہ رکھے بیٹھی رہتی ہو؟"

چچی جل کر بولیں۔ "چپ شاہ کا روزہ نہیں رکھتی تو بات بات پر امامی اور مودے اور بندو کو پکار کر گھر بھی سر پر نہیں اٹھاتی۔"

چچا بگڑ کر بولے۔ "بہت اچھا، جایئے، مودے اور امامی اور بندو کو بھی باورچی خانے میں گھٹنے سے لگا کر بٹھا رکھیے، میں ان کے بغیر بھی جناب کو دکھا دوں گا کیونکر کرتے ہیں تیمارداری۔"

چچا کو کمزور حریف سمجھ کر چچی عام طور سے ایسی بات گول کر جایا کرتی ہیں لیکن اس وقت انھیں بھی نہ معلوم کیا ہوا، جیسی بیٹھی تھیں ویسی ہی اٹھ کھڑی ہوئیں اور جھانوے کا تولیہ چچا کے ہاتھ میں پکڑا سیدھی باورچی خانے کو چل دیں۔

ان کے یوں اچانک اٹھ کھڑے ہونے کی امید چچا کو بھی نہ تھی، حیران رہ گئے۔ ایک منٹ تو چپ چاپ تولیے کو دیکھتے رہے، آخر ذمہ داریوں اور مجبوریوں

کے احساس سے کھسیانی ہنسی ہنس پڑے۔ للو سے کہنے لگے، "دیکھتا ہے ان کی باتیں ؟ سمجھتی ہیں بس انھیں ہی آتی ہے تیمارداری، اور سب تو اپاہج ہیں۔"

اماں کے چلے جانے سے للو کچھ کبیدہ خاطر ہو گیا تھا، کروٹ لے کر پڑ رہا۔ غالباً تکلفاً چچا نے پوچھ لیا۔ "کیوں بھئی جھانواں کرتے رہیں۔"

للو نے منہ سے کچھ نہ کہا، سر ہلا کر ہاں کر دی۔ چنانچہ چچا کے لیے اس کے سوا چارہ نہ رہا کہ جھانواں کریں اور بغیر کسی کی امداد کے کریں۔ بولے "ہم آپ کریں گے اپنے بیٹے کے جھانواں۔" ذرا سے تامل کے بعد آپ پائینتی بیٹھ گئے، بولے "لو بھئی ہم تو کرتے ہیں جھانواں اور تم کرو ہم سے باتیں۔"

جھانویں کے لیے تولیہ بچھا کر سب پہلوؤں پر سے ایسے تکلف اور اہتمام سے تہ کیا گیا جیسے چچا جھانویں کے لیے گدی نہیں بنا رہے، بیمار کے دل بہلاؤ کے لیے تولیے کی ناؤ تصنیف فرما رہے ہیں۔ اس دوران میں للو سے برابر مخاطب رہے۔ "یہ چپ سادھنے کی شرط نہیں ہے، یوں تمھارا دل گھبرا جائے گا۔ باتیں کرنی ہوں گی ہم سے۔ ہاں اچھا یہ بتاؤ، اچھے ہو کر تم کھاؤ گے کیا کیا؟"

اکیس دن کا بیمار، بھلا باتیں کیا کرے، کروٹ لیے چپکا پڑا رہا۔ تولیہ تہ کر چکنے کے بعد چچا کے چہرے پر فخر و اطمینان کی ایک مسکراہٹ کھیلنے لگی۔ "اب بنی نہ گدی جھانویں کی۔ اسے کہتے ہیں گدی۔ کبھی دیکھی بھی نہ ہو گی بیگم صاحبہ نے۔"

چچا نے جھانواں شروع ایسے زور شور سے کیا، گویا جھانواں نہیں کر رہے پاؤں پر پالش کر رہے ہیں، باتیں مجبوراً بند کر دی تھیں کیونکہ ہاتھ کی حرکت کے باعث باتیں گیت کی تانیں سی بن کر حلق سے نکلتی تھیں۔ بار بار گردن بڑھا کر صحن کی

طرف دیکھ رہے تھے کہ شاید کسی سے نظریں چار ہو جائیں اور وہ اس کارِ نمایاں کی خبر چچی تک پہنچا دے۔ سانس پھولا ہوا تھا، بات نہ ہوتی تھی مگر محض چچی کے سنانے کو کہے بھی جا رہے تھے۔ "اب مزہ آیا ہو گا جھانویں کا۔۔۔۔۔۔ بڑی محنت کا کام ہے ۔۔۔۔۔۔ ایک طرح کا فن سمجھنا چاہیے۔"

لیکن پانچ ہی منٹ بعد صورت حالات میں تبدیلی رونما ہوئی، پہنچے اور کہنیاں دکھنے لگیں، بازو ڈھیلے پڑ گئے، ہاتھ رہ گئے، دل اکتا گیا۔ اٹھنے کی فکر ہونے لگی مگر اب اٹھیں کیونکر؟ خود اٹھتے ہوئے ندامت ہوتی تھی، لڑکا بس کرنے کو کہتا نہیں تھا، نہ امید تھی کہ کہے گا۔ وہ آنکھیں بند کیے ایسا خاموش پڑا تھا گویا اسے خبر ہی نہیں کہ چچا پر کیا گزر رہی ہے۔ آخر کچھ دیر بعد تنگ آ کر چچا نے ہاتھ روکنا اور اس سے پوچھنا شروع کیا۔ "کیوں بھئی پیاس تو نہیں لگی؟ پانی لاؤں؟ انار کے دانے نکال دوں ؟۔۔۔۔۔۔ ارے ہاں للو! وہ جو تو نے پودا لگایا تھا کیاری میں، اس میں پھول آ گئے، لا کر دکھاؤں؟" مگر للو نے کسی ایسی چیز کی فرمائش نہ کی جسے لانے کے لیے چچا کو اٹھنے کا موقع مل سکتا۔ اسی طرح گم سم چپکا پڑا رہا۔

دو ایک دفعہ چچا نے ایسا بے خلل انداز اختیار کر کے اٹھنے کی کوشش کی گویا ان کی رائے میں للو سو گیا ہے مگر ان کے ہلتے ہی للو کراہنے لگا یا آنکھیں کھول دیں۔ چنانچہ چچا کو طوعاً کرہاً پھر بیٹھ جانا پڑا۔ پاؤں سو گئے تھے، ہاتھ کانپنے لگے تھے، کبھی بیٹھنے کا انداز بدلتے، کبھی جھانواں روک کر ایک ہاتھ سے دوسرے ہاتھ کا بازو دبانے لگتے۔ جھانواں برائے نام ہو رہا تھا، مریض کبھی بے چین تھا، چچا گھبرائی گھبرائی نظروں سے ادھر ادھر تک رہے تھے کہ کسی طرح اٹھنے کا کوئی بہانہ ملے مگر کسی

طرح مشکل آسان نہ ہوتی تھی۔ آخر دل کڑا کر کے بولے۔

"بس بھئی اب زیادہ جھانواں نہیں کرتے، ضعف ہو جاتا ہے۔" یہ نہ معلوم ہوا کہ مریض کو یا جھانواں کرنے والے کو۔

یہ کہہ چچا فوراً اٹھ کھڑے ہوئے اور آرام کرسی پر دراز ہو گئے۔ تیمارداری کا جوش کچھ سرد سا پڑ گیا تھا۔ بڑی دیر تک منہ بنا بنا کر اپنا ہاتھ دباتے اور انگلیاں چٹخاتے رہے۔ ٹانگیں پھیلا پھیلا کر تھکن اتاری۔ حواس بجا ہوئے تو للو کی طرف توجہ کی۔ "سو گئے للو! للو بھیا! اے للو! او للوے! نیند آ گئی کیا؟ اچھا سو رہو۔" باہر چچی نے آواز سن لی، چھٹن کے ہاتھ کہلا بھیجا۔ "سونے نہ دینا، دوا کا وقت ہے۔ سرہانے چھوٹی میز پر دوا کی شیشی رکھی ہے، ایک خوراک دے دو۔"

چچا دوا دینے کو اٹھ کھڑے ہوئے۔ شیشی ہاتھ میں لے کر لیبل پڑھا، ادھر ادھر دیکھا، داڑھی کھجلائی، پیٹ سہلایا۔ بے تاب تھے کہ کسی کو امداد کے لیے پکاریں۔ لیکن آج کے دن کسی کی امداد لینا غیرت کو گوارا نہ تھا، مجبوراً خود ہی دوا دینے پر آمادہ ہوئے۔ شیشی رکھ دوا نکالنے کے لیے پیالی لائے، کاگ نکالا، پہلے تو شیشی کو دانتوں میں پکڑ کر کاگ کو پیالے میں انڈیلنے کی کوشش فرمائی۔ اس کے بعد لاحول ولا کہہ کر کاگ میز پر رکھ دیا اور شیشی سے دوا انڈیلنی شروع کی۔ بوند بوند بھر نکالتے اور آنکھیں چندھیا چندھیا کر خوراک کا نشان دیکھ لیتے۔ ذرا سی دوا نکالنی باقی تھی کہ شیشی ذرا زیادہ الل گئی، ڈیڑھ خوراک نکل آئی۔

چچا نے پہلے تو پیالی ٹیڑھی کی کہ خوراک گرا دیں۔ پھر خیال آیا کہ کہیں ضرورت سے زیادہ دوا اگر کر خوراک کی مقدار کم نہ ہو جائے چنانچہ ارادہ کیا کہ زائد

دوا شیشی میں ڈال کر اطمینان کر لیں۔

پیالی سے دوا شیشی میں انڈیلی۔ آپ جانیے پیالی کے چونچ تو ہوتی نہیں کہ دوا شیشی میں چلی جاتی، باہر بہ کر نیچے گر پڑی۔ چچا نے ذرا دیر ہاتھ روک کر سوچا، اب کیا کریں! اس کے سوا چارہ نظر نہ آیا کہ پیالی میں جو دوا باقی رہ گئی تھی، وہ بھی شیشی ہی میں انڈیل دیں اور از سرِ نو ایک پوری خوراک نکالیں چنانچہ یک لخت انڈیلی دوا شیشی میں تو ذرا سی گئی، باقی سب ہاتھ پر سے بہتی ہوئی فرش پر گر پڑی۔ چھٹن کے ہاتھ چچی نے انار کے دانے نکال کر بھیجے تھے، وہ غریب کھڑا دوا نکالنے کا یہ تماشا دیکھ رہا تھا، اسے آ گئی ہنسی۔ ایسے موقع پر کوئی ہنس پڑے تو چچا کو آگ لگ جاتی ہے، سر پھیر کر لال پیلی آنکھوں سے اسے گھورا۔ "بد تمیز کہیں کا، ہنسا کاہے پر؟ اور یہ کیا موقع تھا ہنسی کا؟ پیٹ پیٹ کر الّو کر دوں گا۔" غرض غریب کو ڈانٹ کر رونکھا بنا دیا۔

ہاتھ پونچھ پانچھ چچا نے شیشی کو جو دیکھا تو دوا آدھے نشان تک تھی، آدھی اس ادلا بدلی میں ضائع ہو چکی تھی۔ اب کیا کریں؟ آدھی خوراک سے آدھی خوراک تک دوا نکالنا آسان نہ تھا چنانچہ غور و خوض کے بعد طے کیا کہ بقیہ آدھی نکالی جائے۔ چونکہ باقی خوراک مریض کو نہ دینی تھی بلکہ ضائع کرنی تھی، اس لیے اسے احتیاط سے نکالنے کی ضرورت چچا کو نہ سوجھی۔ دروازے میں جا شیشی ذرا بے فکری سے دروازے میں الٹ دی۔

اب جو شیشی آنکھوں کے سامنے لا کر دیکھتے ہیں تو دوا پھر آدھے ہی نشان تک، مگر اگلی سے اگلی خوراک کے چچا جھنجلا اٹھے، بے ساختہ چند ناگفتہ بہ کلمات ان کی

زبان سے نکل گئے مگر قہرِ درویش بر جان درویش، کیا کر سکتے تھے؟ امامی بندو کا قصور تو تھا نہیں کہ غل مچا مچا کر دل کی بھڑاس نکال لیتے۔ اگلی خوراک ضائع کرنے کے عمل میں مصروف ہو گئے۔ قصہ مختصر کوئی آدھ گھنٹہ اور پانچ خوراکیں ضائع کرنے کے بعد چچا خاطر خواہ طور پر دوا نکالنے میں کامیاب ہوئے۔

للو کی آنکھ لگ گئی تھی۔ اسے جگایا، وہ ٹھنکتا ہوا جاگا۔ بچے کے ٹھنکنے اور رونے سے چچا کی تیمارداری پر حرف آتا تھا۔ دبی زبان سے اسے چمکارا اور اس سے طرح طرح کے جھوٹے وعدے کیے۔ "ایک تو جناب من! ہم نے تمھارے لے ڈور کی پوری ریل منگائی ہے۔ اور جناب دوسرے گلشن سے کہا ہے کہ ایک درجن رنگ برنگ کی کنکیاں بنا کر لائے۔ بس ادھر تم اچھے ہوئے اور ادھر پینچ لڑنے کا سامان ہوا۔"

چچا چارپائی پر چڑھے، سہارا دے کر للو کو اٹھایا، دوا دینے لگے تو خیال آیا کہ کلی کے لیے پانی تو لائے ہی نہیں۔ اسے پھر لٹا بھاگے بھاگے پانی لینے چلے گئے۔ پانی کی پیالی میز پر رکھ کر پھر چارپائی پر چڑھے، للو کو اٹھایا، سمجھا بجھا کر بہزار دقت دوا دینے پر آمادہ کیا۔ اب جناب نے کیا تماشا کیا کہ پانی کی پیالی تو اس کے منہ سے لگا دی اور کلی کے لیے دوا کی پیالی ہاتھ میں تھام بیٹھ رہے۔ جب اس نے خود ہی ٹھنک کر بتایا کہ یہ تو پانی ہے تو آپ کو اپنی غلطی معلوم ہوئی ندامت تو کیا ہوتی، اوہو کہہ کر پیالیاں بدل لیں، اور دوا کی پیالی للو کو دی۔

خالی پیالی اس کے ہاتھ سے لے کر کلی کے لیے پانی دیا تو اب اگال دان کا خیال آیا۔ گھبرا کر اگال دان لینے کو لپکے۔ بچے کا دھڑ دھڑ سے تکیے پر آ گرا۔ ادھر دوا سے

اس کا منہ کڑوا، ادھر لگا سر کو دھچکا، زور زور سے رونے لگا۔ آپ کبھی اس کے آگے گلاس کرتے ہیں، کبھی اگال دان، کبھی انار کے دانے، مگر بیمار کی ضد، وہ کسی چیز کی طرف آنکھ اٹھا کر نہیں دیکھتا، اماں اماں کہہ کر روئے جا رہا ہے۔ چچا گھبرا گھبرا کر کبھی للو کو دیکھتے ہیں، کبھی دروازے کو کہ کہیں چچی نہ آ رہی ہوں۔ بچے کو کبھی لپٹاتے ہیں، کبھی منتیں خوشامدیں کرتے ہیں۔ مگر اس پر مطلق اثر نہیں ہوتا۔ مجبوراً چچی کی سامعہ نوازی کو بلند آواز میں کہنا شروع کیا۔ "اب ہم نے تو دوا میں کرواہٹ ملا نہیں دی، ایسی ہی ہوتی ہیں ان ڈاکٹروں کی دوائیں، ہمارا کوئی قصور ہو تو ہم ذمہ دار۔ یوں اماں کو ہی بلانے کو جی چاہ رہا ہو تو تم جانو۔"

چچی باورچی خانے سے فارغ ہو کر چچا کے پانوں کی ڈبیا بھر رہی تھیں۔ وہیں سے بولیں۔ "آئی بچے آئی"۔ اتنے میں چچی آئیں، للو نے رو رو کر بُرا حال کر لیا تھا۔ ہچکی بندھ گئی تھی۔ چچا کے ہاتھ پاؤں الگ پھول گئے تھے۔ اب ان سے تسلی بھی نہ دی جاتی تھی۔ الگ کھڑے سراسیمہ نظروں سے اسے دیکھ رہے تھے، منہ تک بات آتی تھی مگر نکل نہ سکتی تھی۔ دلاسہ دینے کو ہاتھ اٹھانا چاہتے تھے مگر نہ اُٹھتا تھا چچی آئیں تو ان کے حواس بجا ہوئے۔ بولے "آپ ہی آپ رونے لگا بس دوا دی تھی۔"

چچی نے پان میز پر رکھ دیے۔ او ! میرا چاند میرا لال!" کہتی ہوئی لپک کر سرہانے بیٹھ گئیں۔ بچے کا سر اپنی گود میں رکھ لیا اور سہلانے لگیں۔ بچے کو ذرا سکون ہوا تو چچا پان کی طرف متوجہ ہوئے۔ پان کھاتے ہوئے اپنے آپ سے کہنے لگے۔ "رٹ ہی ماں کی لگ جائے تو تیمار دار غریب کیا کرے۔"

چچی نے للو کے ماتھے پر ہاتھ پھیرا تو ٹھنڈا تھا۔ ہاتھ دیکھے تو وہ بھی

ٹھنڈے !بولیں۔"اے ہے اسے تو ضعف کا دورہ پڑ گیا ،پنڈا ٹھنڈا پڑا جا رہا ہے۔رنگت بھی تو پیلی پڑ گئی ہے۔ارے کوئی دودھ لاؤ دودھ ،پیچھے چولھے پر رکھا ہے،بالائی ہٹا کر لانا۔"

تیمارداری سے ابھی چچا کا باضابطہ چھٹکارا تو ہوا نہ تھا۔پیالی اٹھا خود دودھ لینے روانہ ہو گئے۔باورچی خانے میں ماما آٹا گوندھ رہی تھی،دودھ نکالنے کو اٹھنے لگی، چچا کے منہ تھی پیک۔"اوں ہوں اوں ہوں "کر کے اسے روک دیا۔لڑکے بڑھنے لگے۔"اوں ہوں اوں ہوں "کر کے انھیں بھی روک دیا۔خود دیگچی اٹھا دودھ انڈیلنے لگے،دودھ جوش پر آ کر ٹھنڈا ہو رہا تھا،اس پر آ گئی تھی بالائی۔ چچی نے کہا تھا "بالائی اتار کر دودھ لانا۔" بالائی ہٹانے کو آپ رکھ کر ایک پھونک جو مارتے ہیں تو پان کی ساری پیک دیگچی میں !دودھ کی اچھی خاصی چائے بن گئی۔

اب چچا کی حالت دیکھنے کے قابل تھی ، کبھی دیگچی کو دیکھیں ، کبھی کھوئے کھوئے ادھر ادھر دیکھیں۔ کچھ سمجھ میں نہ آتا تھا، قصور کس کا ہے۔ایک مرتبہ دیگچی نیچے رکھ دی۔اٹھ کھڑے ہوئے۔بیمار کے کمرے کی طرف چلے۔پھر باورچی خانے میں دیگچی کے قریب آ کھڑے ہوئے اور ٹھوڑی کھجانے لگے۔آخر سب کچھ چھوڑ چھاڑ باہر اپنے کمرے میں چلے گئے اور اندر سے چٹخنی لگالی۔۔۔۔۔۔ایک منٹ بعد باہر نکلے اور دودھ کی دیگچی اٹھا پھر اندر گھس گئے۔ اس واقعے سے گھر میں جو تکدر پیدا ہوا تھا،وہ للو کی صحت یابی سے پہلے رفع نہ ہو سکا۔

***

۵

چچا چھکن نے سب کے لئے کیلے خریدے

ایک بات میں شروع ہی میں عرض کر دوں۔ اس واقعے کے بیان کرنے سے حاشا وکلا میری غرض یہ نہیں کہ اس سے چچا چھکن کی فطرت کے جس پہلو پر روشنی پڑتی ہے، اس سے متعلق آپ کوئی مستقل رائے قائم کر لیں سچ تو یہ ہے کہ چچا چھکن کا اس نوع کا واقعہ مجھے صرف یہی ایک معلوم ہے۔ نہ اس سے پہلے نہ کوئی ایسا واقعہ میری نظر سے گزرا اور نہ بعد میں بلکہ ایمان کی پوچھیے تو اس کے برعکس واقعات بہت کثرت سے میرے دیکھنے میں آچکے ہیں۔ بارہا مرتبہ میں دیکھ چکا ہوں کہ شام کے وقت چچا چھکن بازار سے کچوریاں یا گنڈیراں یا چلغوزے اور مونگ پھلیاں ایک بڑے سے رومال میں باندھ کر گھر بھر کے لیے لے آئے ہیں۔ اور پھر کیا بڑا اور کیا چھوٹا، ہر ایک میں برابر تقسیم کر کے کھاتے کھلاتے رہے ہیں۔ پر اُس روز اللہ جانے کیا بات ہوئی کہ۔۔۔ مگر اس کی تفصیل تو مجھے بیان کرنی ہے۔

اس روز سہ پہر کے وقت اتفاق سے چچا چھکن اور بندو کے سوا کوئی گھر پر موجود نہ تھا۔ میر منشی کی بیوی کو پرسوت کا بخار آرہا تھا، چچی دوپہر کے کھانے سے فراغت پا کر ان کے ہاں عیادت کے لئے چلی گئی تھیں۔ بنو کو گھر چھوڑے جا رہی تھیں کہ چچا

نے فرمایا۔ "عیادت کو جا رہی ہو تو شام سے پہلے بھلا کیا لوٹنا ہو گا، بچی پیچھے گھبرائے گی، ساتھ لے جاتیں، وہاں بچوں میں کھیل کر بہلی رہے گی"۔ چچی بڑبڑاتی ہوئی بنو کو ساتھ لے گئیں۔ امامی چچی کو میر منشی صاحب کے گھر پہنچانے جا رہا تھا مگر بنو ساتھ کر دی گئی تو بچی کے خیال سے اسے بھی وہیں ٹھہرانا پڑا۔

للو کے مدرسے کا ڈی۔ اے۔ وی سکول سے کرکٹ کا میچ تھا، وہ صبح سے ادھر گیا ہوا تھا۔ مودے کی رائے میں للو اپنی ٹیم کا بہترین کھلاڑی ہے۔ اپنی اس رائے کی بدولت اسے کرکٹ کے اکثر میچوں کا تماشائی بننے کا موقع مل جاتا ہے چنانچہ حسب معمول آج بھی وہ للو کی اردل میں تھا۔

دو بجے سے سینما کی میٹنی شو تھی، وِدو چچا سے اجازت لے کر تماشا دیکھنے جا رہا تھا، چھٹن کو جو پتا لگا کہ ودو تماشے میں جا رہا ہے تو عین وقت پر وہ مچل گیا اور ساتھ لے جانے کی ضد کرنے لگا۔ چچا نے اس کی تربیت کے پہلوؤں پر چچی کا حوالہ دے دے کر ایک مختصر مگر پُر مغز تبصرہ کرتے ہوئے اُسے بھی اجازت دے دی۔ اصل واقعہ یہ ہے کہ چچی کہیں ملاقات کو گئی ہوں تو باقی لوگوں کو باہر جانے کے لیے چچا سے اجازت لے لینا دُشوار نہیں ہوتا۔ ایسے نادر موقعوں میں چچا مکمل تنہائی کو زیادہ پسند کرتے ہیں۔ دوسری مصروفیات نے جن امور کی طرف چچی کو عرصے سے توجہ کرنے کی اجازت نہیں دی ہوتی ایسے وقت چچا ڈھونڈ ڈھونڈ کو ان کی طرف توجہ کرتے ہیں۔ اس سے چچی کو یہ احساس دلانا مقصود ہوتا ہے کہ گھر کی مشین میں اُن کی ہستی ایک بے کار پُرزے سے زیادہ اہمیت نہیں رکھتی اور چچا ہی کی ذاتِ والا صفات کا ظہور ہے کہ چشمِ بینا کو گھر میں سلیقے اور سگھڑاپے کے کوئی آثار نظر آتے ہیں۔

آج آپ کے شُغل آفریں دماغ نے چچی کی غیر حاضری میں گھر کے تمام ایسے برتن جو پیتل کے تھے صحن میں جمع کر لیے تھے، بندو کو بازار بھیج کر دو پیسے کی املی منگائی تھی، صحن میں مُونڈھا ڈال کر بیٹھ گئے تھے، حُقے کی نے منہ سے لگی تھی، ذاتی نگرانی میں پیتل کے برتنوں کی صفائی کا اہتمام ہو رہا تھا۔

"ارے احمق! اب دُوسرا برتن کیا ہو گا۔ جو برتن صاف کرنے ہیں، اُن ہی میں سے کسی ایک میں املی بھگو ڈال، اور کیا۔۔۔یوں۔۔۔بس یہی پیتل کا لوٹا کام دے جائے گا۔ صاف تو اسے کرنا ہی ہے۔ ایک دوسرا برتن لا کر اُسے خراب کرنے سے حاصل؟ ایسی باتیں تم لوگوں کو خود کیوں نہیں سُوجھ جایا کرتیں؟"

بُندو نے تعمیلِ ارشاد میں کچھ کہے بغیر املی لوٹے میں ڈال بھگو دی۔ چچا نے فخر سے اطمینان کا اظہار کیا۔ "کیسی بتائی ترکیب؟ ضرورت بھی پوری ہو گئی اور اپنا۔۔۔یعنی کام بھی ایک حد تک ہو گیا۔ لے اب باورچی خانے جا کر برتن مانجھنے کو تھوڑی سی راکھ لے آ۔ کس برتن میں لائے گا بھلا؟"

بُندو نے بڑی ذہانت سے تمام برتنوں پر نظر ڈالی اور ان میں سے ایک سینی اُٹھا کر چچا کی طرف دیکھنے لگا۔ چچا بھی اس غرض کے لیے شاید سینی ہی تجویز کرنا چاہتے تھے۔ ہدایت دینے کا افتخار نہ مل سکا تو پوچھنے لگے، "کیوں بھلا؟"

بُندو بولا، "چولھے سے اٹھا کر اس میں آسانی سے راکھ رکھ لوں گا۔"

"احمق کہیں کا۔ علاوہ ازیں راکھ کُھلے برتن میں ہو گی تو اُٹھا اُٹھا کر برتن مانجھنے میں آسانی نہ ہو گی؟"

بُندو ابھی باورچی خانے سے راکھ لانے نہ پایا تھا کہ دروازے پر ایک پھل

والے نے صدا لگائی۔ کلکتیا کیلے بیچنے لایا تھا۔اس کی صدا سُن کر کچھ دیر کو چچا خاموش بیٹھے حقہ پیتے رہے، کش البتہ جلدی جلدی لگا رہے تھے۔معلوم ہوتا تھا، دماغ میں کسی قسم کی کشمکش جاری ہے۔جب آواز سے معلوم ہوا کہ پھل والا واپس جارہا ہے تو جیسے بے بس ہوگئے، بندو کو آواز دی۔"ذرا جا کر دیکھیو تو کیلے کس حساب دیتا ہے۔"

بُندو نے واپس آکر بتایا۔"چھ آنے درجن۔"

"چھ آنے کے درجن۔تو کیا مطلب ہوا؟ کہ جو بیس پیسے کے بارہ۔بارہ دونی چوبیس۔یعنی دو دو پیسے کا ایک۔اُوں ہوں، مہنگے ہیں، جاکر کہہ تین تین پیسے کے دو دیتا ہے تو دے جائے۔"

دو منٹ بعد بندو نے آکر کہا کہ "وہ مان گیا۔کتنے کیلے لینے ہیں؟"

پھل والا اس آسانی سے رضامند ہو تو چچا کی نیت میں فتور آیا۔

"یعنی تین تین پیسے کے دو؟ کیا خیال ہے، مہنگے نہیں اس بھاؤ پر؟"

بُندو بولا۔"اب تو اس سے بھاؤ کا فیصلہ ہو گیا۔"

"تو کسی عدالت کا فیصلہ ہے کہ اتنے ہی بھاؤ پر کیلے لیے جائیں۔ہم تو تین آنے درجن لیں گے، دیتا ہے دے، نہیں دیتا تو نہ دے۔وہ اپنے گھر خوش ہم اپنے گھر خوش۔"

بُندو پس و پیش کے عالم میں کھڑا ہوا تھا،"ابے تو جا کر کہہ تو سہی، مان جائے گا۔"

بُندو جانے سے کترا رہا تھا۔"آپ خود کہہ دیجیے۔"

چچا نے جواب میں آنکھیں پھاڑ کر بُندو کو گھورا، وہ غریب ڈر گیا، مگر اب بھی وہیں کھڑا رہا۔ چچا کو اس کا پس و پیش شاید کسی قدر جائز معلوم ہوا، اسے دلیل کا راستہ سمجھانے لگے۔ "تو جا کر یوں کہہ، میاں نے تو تین آنے درجن کہے تھے، میں نے آ کر غلط بھاؤ کہہ دیا، تین آنے درجن دینے ہوں تو دے جائے۔"

بُندو دِل کڑا کر کے باہر چلا گیا۔ چچا جانتے تھے، بھاؤ ٹھہرا کر اس سے پھر جانے پر کیلے والا غل مچائے گا، باہر نکلنا قرین مصلحت نہ معلوم ہوتا تھا، دبے پاؤں اندر گئے، اور کمرے کی جو کھڑکی ڈیوڑھی میں کھلتی تھی اُس کا پٹ ذرا سا کھول کر باہر جھانکنے لگے۔ پھل والا گرم ہو رہا تھا۔ "آپ ہی نے تو ایک بھاؤ ٹھہرایا اور اب آپ ہی زبان سے پھر گئے، بہانہ نوکر کی بھول کا، جیسے ہم سمجھ نہیں سکتے، یا بے ایمانی تیرا ہی آسرا۔"

بُندو غریب چُپکا کھڑا تھا، پھل والا بکتا جھکتا خوانچہ اٹھا چلنے لگا، بُندو بھی اندر جانے کو مُڑ گیا۔ دروازے تک پہنچنے نہ پایا تھا کہ پھل والا رک گیا۔ خوانچہ اُتار کر بولا۔ "کتنے لینے ہیں؟"

بُندو اندر آیا تو چچا مونڈھے پر بیٹھے جیسے کسی خیال کی محویت میں حقہ پی رہے تھے، چونک کر بولے۔ "مان گیا؟ ہم نہ کہتے تھے مان جائے گا۔ ہم تو ان لوگوں کی رگ رگ سے واقف ہیں۔ تو کے کیلے لینے مناسب ہوں گے؟" چچا نے اُنگلیوں کے پوروں پر گن گن کر حساب لگایا۔ "ہم، آپ، چھٹن کی اماں، للو، ودو، بنو اور چھٹن گویا چھ چھ دونی کیا ہوا؟ خدا تیرا بھلا کرے بارہ، یعنی ایک درجن فی آدمی دو کیلے بہت ہوں گے؟ پھل سے پیٹ تو بھرا نہیں جاتا، منہ کا ذائقہ بدلا جاتا ہے۔ پر دیکھو

دو تین گچھے اندر لے کر آنا ہم آپ ان میں سے اچھے اچھے کیلے چھانٹ لیں گے۔"

پھل والے نے صدائے احتجاج بلند کرتے ہوئے کیلوں کے گچھے اندر بھیج دیئے۔ چچا نے کیلوں کو دبا دبا کر دیکھا، ان کی چتیوں کا مطالعہ کیا اور درجن بھر کیلے علیٰحدہ کر لیے۔ کیلے والا باقی کیلے لے کر بڑبڑاتا ہوا رخصت ہو گیا۔ چچا نے بُندو کی طرف توجہ کی۔ "لے انھیں کھانے کی ڈولی میں حفاظت سے رکھ دے، رات کے کھانے پر لا کر رکھنا، اور جلدی سے آ کر برتن مانجھنے کے لیے راکھ لا، بڑا وقت اس قصے میں ضائع ہو گیا۔"

بُندو کیلے اندر رکھ آیا اور باورچی خانے سے راکھ لا کر برتن مانجھنے لگا۔ "یُوں ۔۔۔۔۔۔۔ ذرا زور سے ہاتھ، تاکہ برتن پر رگڑ پڑے، اس طرح۔ پیتل کے برتن صاف کرنے کیلیے ضرورت اس امر کی ہوتی ہے کہ املی کے استعمال سے قبل انھیں ایک بار خوب اچھی طرح مانجھ کر صاف کر لیا جائے، ایسے سب برتنوں کی صفائی کیلئے املی نہایت لاجواب نسخہ ہے۔ گرہ میں باندھ رکھ۔ کسی روز کام آئے گا۔ اور ایک پیتل ہی کا کیا ذکر، دھات کی جملہ اشیاء املی سے دمک اٹھتی ہیں۔ ابھی ابھی تو آپ دیکھیو کہ ان کالے کالے برتنوں کی صورت کیا نکل آتی ہے۔ ہاں اور وہ میں نے کہا، کیلے احتیاط سے رکھ دیے ہیں نا ڈولی میں؟ ہوں اچھے بھاؤ مل گئے، ایک ایک کے لیے دو دو ٹھیک رہیں گے؟ ۔۔۔۔۔۔۔۔ یوں بس سمجھ گیا۔ اب رگڑ اس پر املی، اس طرح۔ دیکھا میل کس طرح کٹتا ہے۔ کیسی چمک آتی جا رہی ہے۔ یہ املی فی الواقع، بڑی بے نظیر شے ہے مگر میں نے کہا، بُندو میرا بھائی ذرا اُٹھیو تو، ان کیلوں میں سے جو دو ہمارے حصے کے ہیں ہمیں لا دیجیو، ہم ابھی کھائے لیتے ہیں۔ باقی لوگ جب

آئیں گے، اپنا حصہ کھاتے رہیں گے۔"

بُندو نے اُٹھ کر دو کیلے چچا کو لا دیے، چچا نے مونڈھے پر اُکڑوں بیٹھے بیٹھے پینترا بدلا اور کیلوں کو تھوڑا تھوڑا چھیلنا اور تکلف سے نوش فرمانا شروع کیا۔"تو کیسے جا اپنا کام، ذرا جھپاک سے۔ہاں دیکھنا اب ذرا دیر میں ان برتنوں کی شکل کیا نکل آتی ہے-------

اچھے ہیں کیلے-------بس یوں ہی ذرا زور سے ہاتھ---------اس طرح---چھٹن کی اماں دیکھیں گی تو سمجھیں گی آج ہی نئے برتن خرید کیے ہیں اور پھر لطف یہ کہ خرچ کچھ بھی نہیں، ہرّا لگے نہ پھٹکری اور رنگت چوکھی آئے۔ آخر کتنے کی آگئی املی؟نہ نہ خود ہی کہو، کتنے کی آئی املی؟دو پیسے کی نا؟تو آپ خرید کر لایا تھا ،اور پھر جو کچھ کیا تو نے اپنے ہاتھ سے کیا ہے۔یہ تو ہوا نہیں کہ تجھ سے آنکھ بچا کہ ہم نے بیچ میں کچھ ملا دیا ہو۔بس یہ جتنی بھی کرامات ہے سب املی کی ہے۔ محض املی کی اور وہ میں نے کہا۔اب کَے کیلے باقی رہ گئے ہیں ؟دس ؟ہوں خوب شے ہے نا املی؟ایک ٹکے کے خرچ میں چیزوں کی کایا پلٹ ہو جاتی ہے۔ مگر بندو۔ان دس کیلوں کا حساب اب بیٹھے گا کس طرح؟یعنی ہم شریک نہ ہوں جب تو ہر ایک کو دو دو کیلے مل رہیں۔ لیکن ہماری شرکت کے بغیر شاید دوسروں کا جی کھانے کو نہ چاہے ،کیوں؟ چھٹن کی اماں تو ہمارے بغیر نظر اٹھا کر بھی نہ دیکھنا چاہیں گی۔تو نے خود دیکھا ہو گا، کئی بار ایسا ہو چکا ہے اور بچوں میں بھی دوسرے ہزار عیب ہوں، پر اتنی خوبی ضرور ہے کہ ندیدے اور خود غرض نہیں ہیں۔سب نے مل کر شریک ہونے کے لیے ہم سے اصرار شروع کر دیا تو بڑی دقت ہو گی، برابر برابر تقسیم کرنے کو

کیلے کاٹنے پڑیں گے اور کلکتیا کیلے کی بساط کیا ہوتی ہے؟ کاٹنے میں سب کی مٹی پلید ہو گی۔ کے کیلے بتائے تھے تو نے؟ دس؟ دس کیلے اور چھ آدمی۔ ٹیڑھی بات ہے مگر ہم کہتے ہیں مثلاً فی آدمی ایک ایک کا حساب رکھ دیا جائے تو؟ دو دو نہ سہی، ایک ہی ہو۔ مگر کھائیں تو سب ہنسی خوشی مل جل کر ٹھیک ہے نا؟ گویا چھ رکھ چھوڑنے ضروری ہیں۔ تو اس صورت میں کے کیلے ضرورت سے زیادہ ہوئے؟ چار نا؟ تو میرے خیال میں وہ چاروں زائد کیلے لے آتا، باقی کے چھ تو اپنے ٹھیک حساب کے مطابق تقسیم ہو جائیں گے"

بندو اٹھ کر چار کیلے لے آیا، چچا نے اطمینان سے انھیں باری باری نوش فرمانا شروع کر دیا۔

"ہاں تو تو قائل بھی ہوا املی کی کرامت کا؟ بے شمار فوائد کی شے ہے۔ مگر کیا کیجئے، اس زمانے میں دیس کی چیزوں کی طرف کوئی توجہ نہیں کرتا۔ یہی املی اگر ولایت سے ڈبوں میں بند ہو کر آتی تو جناب لوگ اس پر ٹوٹ کر گرتے، ہر گھر میں اس کا ایک ڈبہ موجود رہتا مگر چونکہ پنساری کی دکان سے دستیاب ہو جاتی ہے، کوئی خاطر میں نہیں لاتا۔ اور پھر ایک برتنوں کی صفائی کا کیا ذکر، اس کے اور بھی تو بہتیرے فوائد ہیں۔ یعنی دورانِ سر کی شکایت کے لیے اس سے بہتر شے سننے میں نہیں آئی۔ اور پھر یہ بھی نہیں کے کڑوی کسیلی ہو، یہ بد مزہ بدبودار ہو۔ شربت بنایئے، کھٹا میٹھا، ایسا لذیز ہوتا ہے کہ کیا کہیے---------کیلے بھی نہایت لذیز ہیں۔ زیادہ نہ لے لیئے تو نے---------املی کا شربت تو شاید تو نے بھی پیا ہو، کیا خوش ذائقہ ہوتا ہے، گرمیوں میں تو نعمت ہے۔ اور پھر لطف یہ کے مفید بھی

بے حد، ہم خرما و ہم ثواب۔ امتلا کو یہ روکتا ہے، امتلا نہیں جانتا؟ ارے احمق متلی کی شکایت۔ اس کے علاوہ صفرا کیلئے بھی مفید ہے۔ صفرا بھی ایک چیز ہوتی ہے، پھر کبھی سمجھائیں گے۔ تو وہ کیلے تو اب چھ ہی باقی رہ گئے ہیں ناں؟ کچھ نہیں، بس ٹھیک ہے، سب کے حصے میں ایک ایک آ جائے گا، ہمیں ہمارے حصے کا مل جائے گا ، دوسروں کو اپنے حصے کا، کانٹ چھانٹ کا جھگڑا تو ختم ہوا، اپنے اپنے حصے کا کیلا لیں اور جو جی چاہے کریں، جی چاہے تو آج کھائیں، آج جی نہ چاہے کل کھا لیں، اور کیا۔ ہونا بھی یوں ہی چاہئے، رغبت کے بغیر کوئی چیز کھائی جائے تو جزو بدن نہیں بننے پاتی یعنی اکارت چلی جاتی ہے۔ کوئی چیز آدمی کھائے اسی وقت جب اس کے کھانے کو جی چاہے۔ چھٹن کی اماں کی ہمیشہ سے یہی کیفیت ہے، جی چاہے تو چیز کھاتی ہیں نہ چاہے تو کبھی ہاتھ نہیں لگاتیں۔ ہمارا اپنا یہی حال ہے، یہ متفرق چیزیں کھانے کو کبھی کبھار ہی جی چاہتا ہے۔ ہونا بھی ایسا ہی چاہئے اب یہی کیلے ہیں بیسیوں مرتبہ دکانوں پر رکھے دیکھے، کبھی رغبت نہ ہوئی، آج جی چاہا تو کھانے بیٹھ گئے۔ اب پھر نہ جانے کب جی چاہے ہماری تو کچھ ایسی ہی طبیعت ہے، نہ جانے شام کو جب تک سب آئیں رغبت رہے یا نہ رہے، یقین سے کیا کہا جا سکتا ہے، دل ہی تو ہے ممکن ہے اس وقت کیلے کے نام سے طبیعت نفور ہو۔ تو ایسی صورت میں ہم جانیں، ہم تو بقیہ چھ کیلوں میں سے اپنے حصے کا ایک کیلا ابھی کھا لیتے، کیوں؟ اور کیا، اپنی اپنی طبیعت ہے اپنی اپنی بھوک، جب جس کا جی چاہے کھائے، اس میں تکلف کیا، ایسے معاملوں میں بے تکلفی ہی اچھی۔

اے ذوق تکلف میں ہے تکلیف سراسر

آرام سے وہ ہیں جو تکلف نہیں کرتے

"تو ذرا اُٹھیو میرا بھائی، بس میرے ہی حصے کا کیلا لانا، باقی کے سب وہیں احتیاط سے رکھے رہیں۔"

حسب الارشاد بندو نے کیلا چچا کو لا دیا چچا چھیل کر نوش فرمانے لگے۔

"دیکھا کیا صورت نکل آتی برتنوں کی۔ سُبحان اللہ یہ املی کا نسخہ مؤثر ہی ایسا ہے۔ اب انھیں دیکھ کر کوئی کہہ سکتا ہے کہ پرانے برتن ہیں؟ جو دیکھے گا، یہی سمجھے گا، ابھی ابھی بازار سے منگوا کر رکھے ہیں دوسروں کا ذکر، ہماری غیر حاضری میں یوں صاف کیے گئے ہوتے تو واپس آکر ہم خود نہ پہچان سکتے۔ چھٹن کی اماں بھی دیکھیں گی تو ایک بار تو ضرور چونک پڑیں گی۔ تجھ سے پوچھیں تو کہہ دیجیو میاں ساری دوپہر بیٹھ کر صاف کراتے رہے ہیں۔ پر ایک بات، املی کا ذکر نہ آنے پائے ،ہاں۔ ایسی بات بتا دو تو کام کی وقعت کھو جاتی ہے، سمجھ گیا نا؟ بس اب یہ املی کی بات آگے نہ نکلنے پائے۔ جو پوچھے یہی کہیو، میاں نے ایک نسخہ بنا کر اس سے صاف کرائے ہیں۔ بچوں سے بھی ذکر نہ کیجو، ورنہ نکل جائے گی بات۔ کب تک آئیں گے بچے؟ للو کا میچ تو شاید شام سے پہلے ختم نہ ہو۔ اس کے کھانے چائے کا انتظام ٹیم والوں ہی نے کر دیا ہوگا ورنہ خالی پیٹ کرکٹ کس سے کھیلا جاتا ہے۔ کوئی انتظام نہ ہوتا تو مُودے کو بھیج کر کھانا منگوا سکتا تھا۔ خوب تر لقمے اڑائے ہوں گے آج۔ میوے مٹھائی سے ٹھسا ٹھس پیٹ بھر لیا ہوگا۔ چلو کیا مضائقہ ہے، یہی عمر کھانے پینے کی ہے۔ اور پھر گھر کے دوسرے لوگ نعمتیں کھائیں تو وہ غریب کیوں پیچھے رہے؟ وِدو اور چھٹن تو ٹکٹ کے دام کے ساتھ کھانے پینے کے لئے بھی پیسے لے کر

گئے ہیں۔اور کیا؟وہیں کسی دکان پر میوہ مٹھائی اڑا رہے ہوں گے۔خدا خیر کرے، ثقیل چیزیں کھا کھا کر بد ہضمی نہ کر لائیں، ساتھ کوئی روک ٹوک کرنے والا نہیں ہے۔تردد ہوتا ہے۔بنو کا تو یہ ہے کہ ماں ساتھ ہے۔وہ خیال رکھے گی کہ کہیں زیادہ نہ کھا جائے۔ مگر میں کہتا ہوں کہ کیلے ہم نے آج بڑے بے موقع لئے۔اس وقت تو خیال ہی نہ آیا آج تو یہ سب بڑی بڑی نعمتیں اڑا رہے ہوں گے کیلوں کو کیوں خاطر میں لانے لگے۔اور تو نے بھی یاد نہ دلایا ورنہ کیوں لیتے اتنے بہت سے کیلے، بیکار ضائع جائیں گے۔ان پر رات گزر گئی تو کاک بھی باقی نہ رہے گا، سوکھ کر سیاہ پڑ جائیں گے۔ مگر خود کردہ را علاج نیست۔اب خرید جو لئے، کیا کیا جائے، کسی نہ کسی طرح تو ٹھکانے لگانا ہی پڑے گا، پھینکے تو جا نہیں سکتے۔پھر لے آتا ہیں، مجبوری کو میں ہی اُنہیں ختم کر ڈالوں۔"

***

٦

چچا چھکن نے ایک بات سنی

جانتا بھی تھا کہ چچا چھکن میں مسلسل دو منٹ کسی کی بات سننے کی تاب نہیں ، مین میکھ نکالنا ان کی عادت ہے، بات کاٹے بغیر ان سے رہا نہیں جاتا، لفظ لفظ پر ٹوکتے ہیں۔ مگر ہونی شدنی، ہو گئی حماقت۔ رات کو اپنے دوست پنڈت درگا پرشاد کو کھانے پر بُلا رکھا تھا، کھانے سے فارغ ہونے کے بعد انگیٹھی بیچ میں رکھے ، گاؤ تکیوں سے ٹیک لگائے مزے سے چاندنی پر نیم دراز تھے، سامنے چلغوزوں کے ڈھیر لگے تھے ، کھا بھی رہے تھے باتیں بھی کرتے جا رہے تھے ، سرور سا جما ہوا تھا۔ اطمینان اور بے فکری سے بیٹھے ہوں اور پنڈت جی کا دل بولنے کو چاہ رہا ہو تو یوں سمجھئے پھول جھڑتے ہیں منہ سے ، جی چاہتا ہے صحبت جمی رہے۔ اور یوں ہی بیٹھے ان کی باتیں سنا کریں۔ جو بات ہو ایسے سلیقے اور شستگی سے کہتے ہیں اور اپنے اندازِ بیان سے اس میں ایسی جان سی ڈال دیتے ہیں کہ سماں بندھ جاتا ہے۔

پنڈت جی ہمیں اپنے ایک سفر کا واقعہ سنا رہے تھے کہ انھوں نے کس طرح ایک اسٹیشن پر گاڑی بدلتے وقت درجے میں آموں کی ایک گٹھری رکھی دیکھی اور اسے لاوارث سمجھ کر اپنے اسباب میں شامل کر لیا۔ اس کے کچھ آم تو مزے لے

لے کر کھائے۔ کچھ آموں سے پیدل سڑک کے مسافروں کا نشانہ بناتے رہے۔ پھر اس خیال سے ڈر کر کہ کہیں چوری کھل نہ جائے، باقی آم اور نئی دوہر جس میں یہ لپٹے ہوئے تھے چلتی گاڑی میں سے باہر پھینک دی۔ یوں اپنی چوری کے تمام سراغ مٹا کر بڑی تسلی سے سفر کرتے رہے۔ لیکن مزہ اپنی منزل مقصود پر اپنے گھر پہنچ کر آیا۔ پہنچنے کے تھوڑی دیر بعد کیا دیکھتے ہیں کہ گھر کی ماما کسی چیز کو تلاش کرتی ہوئی باہر نکلی اور بولی۔ "میاں میں نے ریل میں سوار ہوتے وقت اپنی نئ دوہر جس میں سو قلمی آم بندھے تھے، آپ کے درجے میں رکھ دی تھی، وہ اسباب میں نظر نہیں آتی؟"

پنڈت جی نے یہ واقعہ ایسے مزے سے بیان کیا اور آخر میں ایسی مضحکہ انگیز صورت بنا کر اپنی حماقت کا اعتراف کیا کہ ہنسی کے مارے سب کے پیٹ میں بل پڑ پڑ گئے۔ ہماری ہنسی کی آواز کہیں چچا چھکن کے کانوں میں بھی پہنچ گئی۔ دروازہ کھول کر پوچھنے لگے۔ "ارے بھئی کیا واقعہ ہوا؟ جو قہقہے اُڑ رہے ہیں؟"

ہم سب کھڑے ہو گئے۔ پنڈت جی آداب بجالائے۔ محجوب سے نظر آئے، تو چچا جان نے ان ہی سے پوچھا۔ "ارے بھئی پنڈت! یہ کیا پھلجڑیاں چھوڑ رہے ہو؟ کچھ ہمیں بھی تو بتاؤ۔"

پنڈت جی نے شرما کر جواب دیا۔ "کچھ نہیں صاحب یوں ہی ادھر اُدھر کی باتیں ہو رہی تھیں۔"

بیٹھے بٹھائے میری جو شامت آئی، کہیں کہہ بیٹھا۔ "پنڈت جی! یہ ریل کا قصہ تو چچا میاں کو بھی سنا دیجئے۔"

چچا چھکن عام طور سے تو جلدی سو رہنے کے عادی ہیں لیکن اس وقت تو جیسے اشارے کے منتظر کھڑے تھے۔ پنڈت جی ہاں یا نہیں بھی نہ کرنے پائے تھے کہ کو اڑ کھول یہ کہتے ہوئے اندر تشریف لے آئے۔ "ہاں پنڈت جی ہم بھی تو سنیں، وہ ریل کا کیا قصہ ہے ؟"

یہ کہہ کر چچا انگیٹھی کے قریب پھسکڑا مار کر بیٹھ گئے۔ رضائی کو از سرِ نو تکلف سے اوڑھا، کندھوں پر ڈالا، زانوؤں کے نیچے دبایا، کنٹوپ پر ہاتھ پھیر کر اسے سر پر ٹھیک جمایا۔ ذرا دیر اس کے بند سے شغل کیا۔ باندھنا چاہا نہ باندھا۔ پھر ذرا ہاتھ سینکے۔ پہلو کو جھک کر خاصدان کا جائزہ لیا۔ بولے "ہاں پنڈت جی !تو کیا قصہ ہے وہ"۔

پنڈت جی ابھی زبان بھی نہ کھولنے پائے تھے کہ ارشاد ہوا۔ "حقہ نہیں پیتے پنڈت جی ؟" انھوں نے بمشکل "جی نہیں" کہا ہو گا کہ بولے۔ "بھلا حقہ کے بغیر بات چیت کا کیا مزہ ؟"

زنان خانے کی طرف منہ کر کے بندوا و امامی کو آوازیں دینی شروع کر دیں۔ "ارے یہاں آؤ! سنتے ہو، یہاں آؤ کوئی! ابے نہیں سنا ؟ کان چور لے گئے کیا؟ او بندو! او امامی! کہاں مر گئے کم بختو! دیکھا، بس سو گئے دونوں کے دونوں۔ ان بدمعاشوں کو ایسی سر شام سونے کی عادت پڑی ہے کہ فکر ہی نہیں رہی کسی بات کی۔ ابے آتے ہو یا میں آؤں ؟ لاحول ولا ، بھئی بڑے حرام خور ہیں یہ لونڈے۔ قصور سارا تمہای چچی کا ہے۔ شام ے روٹی دے دلا کر کم بختوں کو بخنت کر دیتی ہیں۔ خیر ،جی تو پنڈت جی کیا تھا وہ قصہ ؟ مگر کچھ مزہ نہیں بات چیت کا حقے کے

بغیر۔ ارے بھئی للّو! ذرا تم جا کر حقہ نہیں بھر لاتے؟ شاباش شاباش جیتے رہو مگر دیکھنا ذرا تازہ کر لینا حقہ۔ سمجھ گئے نا؟ اور سننا! توا رکھ کر لانا۔ اور بات سنو، بڑا عجیب ہے تم لوگوں میں کہ آدھی بات سن کر چل پڑتے ہو۔ طاق میں سے خمیرہ لے لینا، آج ہی آیا ہے لکھنؤ سے، پندرہ روپے سیر کے حساب سے۔ کچھ سادہ تمباکو اس میں ملا لینا۔ بڑا مہنگا ہو گیا ہے خمیرہ صاحب۔ خود اپنے زمانے کی بات کہتا ہوں کہ پانچ روپے سیر کے حساب سے خریدا ہے میں نے۔ ایک دوکان تھی لکھنؤ میں حسینے حسینے کی۔ مگر صاحب واہ واواہ! کیا بناتا تھا خمیرہ کش لگاتے ہی ارواح خوش ہو جاتی تھیں۔ جب لکھنؤ جاتا اس کے ہاں سے اکٹھا خرید کر لاتا تھا۔ اور اب تو وہ بات ہی نہیں رہی تمباکو میں۔ کہنے کو تو خمیرہ کہیے یا جو جی چاہے، نرا گوبر ہوتا ہے۔ خیر، تو ہاں وہ قصہ کیا تھا پنڈت جی؟"

پنڈت جی اتنا ہی کہنے پائے تھے۔ "اجی قصہ کیا ہوتا۔ یوں ہی ایک بات سنا رہا تھا سفر کی۔ عرض کیے دیتا ہوں۔" کہ اتنے میں چچا کی نظر چھٹن پر پڑ گئی۔ "ارے یہ چھٹن بھی ہے یہاں؟ کیسا دبک کر بیٹھا ہے کہ نظر تک نہ آیا مجھے۔ ارے سویا نہیں تو اب تک؟ صبح اٹھے گا کیسے؟ ملا جی باہر کھڑے چیخا کریں گے اور پڑا چارپائی پر کروٹیں لیا کرے گا۔ چل اندر، ہے اوں اوں؟ اوں اوں کیا معنی۔ اب اوں اوں کرو یا روں روں، جا کر سونا ہو گا۔ نہ صاحب عادت بگڑتی ہے بچے کی۔ چلو جا کر سوؤ۔۔۔ جی تو پھر؟ میں نے کہا، خاصدان میں پان کا ٹکڑا بھی ہے کوئی؟ ذرا تم جا کر نہیں لے آتے وِدّو؟ ساتھ ہی مراد آبادی تمباکو بھی رکھتے لانا۔ جی تو پنڈت جی پھر؟ غرض یہ کہ سفر کیا تھا آپ نے، خوب؟"

پنڈت جی بولے۔"پچھلی گرمیوں مراد آباد میں ایک عزیز کی شادی تھی۔ سواریوں کو وہاں پہنچانے کے لیے میرٹھ سے میں اور میرا چھوٹا بھائی روانہ ہوئے۔ہاپڑ جنکشن پر گاڑی بدلنی تھی۔وہاں جو اترے۔۔۔۔۔

"کہاں ؟"

"میرٹھ سے مراد آباد جاتے ہوئے گاڑی ہاپڑ جنکشن پر بدلنی پڑتی ہے۔"

"یہ میرٹھ اور مراد آباد کے راستے میں ہاپڑ کہاں سے آگیا؟"

"صاحب مجھے تو یہی راستہ معلوم ہے۔"

"اور جو دوسرا راستہ ہو؟"

"کم از کم نزدیک راستہ تو یہی ہے۔"

"اے لیجئے۔اب دور نزدیک پر آگئے۔ یوں ہی سہی ہماری آدھی عمر بھی ریلوں ہی کا سفر کرتے گزری ہے۔میں آپ کو میل ٹرین کا راستہ بتاتا ہوں۔پھر تو دور نزدیک کا مسئلہ بھی ہو جائے گا حل؟میرٹھ سے جایئے سہارنپور۔ سمجھ گئے ؟اور جناب سہارنپور سے لکسر، لکسر سے نجیب آباد۔۔۔۔"

"کلکتہ میل کا راستہ ؟"

"اب بیچ میں نہ ٹوکیے۔پورا راستہ سن لیجیے مجھ سے نجیب آباد سے نگینہ۔ نگینہ سے دھام پور اور جناب دھام پور سے مراد آباد۔ آیا سمجھ میں ؟یہی گاڑی آگے شاہجہاں پور، لکھنؤ، بنارس کی طرف نکل جاتی ہے۔مگر اس موقعے پر اس کے تذکرے سے کیا حاصل ؟ہمیں تو صرف مراد آباد کے راستے سے سروکار ہے۔"

پنڈت جی نے کہا۔"جی ہاں یہ راستہ تو میل ٹرین ہی کا ہے مگر دور کا ہے ، میں

قریب ترین راستہ سے روانہ ہوا تھا۔"

چچا نے فرمایا۔ "یوں آپ کو ہر راستہ سے روانہ ہونے کا اختیار تھا لیکن یہ خیال آپ کا صحیح نہیں کہ ہمارا بتایا ہوا راستہ دور کا ہے۔ اور یقین نہ ہو تو ٹائم ٹیبل دیکھ کر اپنا اطمینان کر لیجئے۔ ٹائم ٹیبل شاید موجود نہ ہو گھر میں ورنہ ابھی طے ہو جاتی بات۔ پر خیر، بالفرض وہ راستہ دور کا بھی تھا، جب بھی یہ غلطی تھی آپ کی کہ سواریوں کو ساتھ لے کر ایسے راستے سے گئے جس میں گاڑی بدلنی پڑتی تھی۔"

پنڈت جی دبی زبان سے بولے۔ "اس راستے سے بھی سہارن پور پر گاڑی بدلنے کی ضرورت ہوتی۔"

چچا کنٹوپ کے بند باندھنے لگے۔ "بدلنے کی ضرورت ہوتی؟ یقین ہے؟ اچھا؟ پھر تو کچھ ایسی غلطی نہیں کی آپ نے؟ خیر وہ کسی راستے ہی گئے آپ، اب اس بعد از وقت بحث سے کیا حاصل، آپ بات کہیے نا؟"

پنڈت جی نے کہا۔ "تو صاحب اسباب تھا ہمارے ساتھ زیادہ۔"

چچا نے حاشیہ آرائی کی۔ "وہ تو ہونا ہی تھا۔ آخر شادی بیاہ میں جا رہے تھے، اور پھر ساتھ سواریاں۔ کچھ نہ پوچھئے ایسے موقعوں پر عورتیں کیا کچھ سامان ساتھ لے کر نکلتی ہیں۔ ٹرنک اور بکس اور گٹھریاں اور بستر اور جانے کیا کیا۔ افوہ میرا تو سوچنے سے بھی دم الجھتا ہے۔"

پنڈت جی بولے۔ "جی ہاں، تو ہاپڑ میں ہم اتنے اپنے درجے سے اسباب اتاریں، ہاپڑ اترنے والے مسافر اسٹیشن سے باہر چلے گئے۔ جب ہم سارا اسباب اتار چکے تو کیا دیکھتے ہیں کہ درجے میں اوپر کے تختے پر ایک گٹھری رکھی ہوئی ہے جو

ہماری نہ تھی۔"

وڈّو پان لے کر آ گیا، چچا پان کھانے میں مصروف ہو گئے، پنڈت جی ان کی توجہ دوسری طرف دیکھ کر رک گئے تو تقاضا ہوا۔"آپ کہے جایئے، میں سن رہا ہوں۔" پان کھول کر کتھا چونا دیکھا۔ کتھا زیادہ تھا۔ زیر لب کچھ اس پر تنقید ہوئی۔"اب تک پان لگانے کا سلیقہ بھی نہیں آیا۔ اچھا خاصا پلستر ہے کتھے کا، لاحول ولا۔" کتھا پونچھا پان کھایا۔ چھالیا، تمباکو ہتھیلی پر رکھ کر پھنکی لگائی۔ پان کلے میں دبایا۔ پنڈت جی کی دلداری کو مسکرا کر فرمایا۔"آپ تو خاموش ہو گئے پنڈت جی؟"

پنڈت جی بے صبری سے اس عمل کے تمام ہونے کا انتظار کر رہے تھے۔ چچا کو متوجہ دیکھ کر پھر شروع ہو گئے۔

"ساری ٹرین خالی ہو چکی تھی، چنانچہ یقین تھا کہ اب مالک نہ آئے گا۔ دل میں شوق ہوا کہ گٹھری کھول کر دیکھیے تو، اس میں کیا ہے۔ میں نے اسے اٹھا کر کھولا تو کیا دیکھتا ہوں کہ سہارن پور کے نہایت اعلیٰ درجے کے مالدہ آم قریب ایک سو کے رکھے ہیں؟"

چچا منہ اونچا کر کے پیک سنبھالتے ہوئے بولے۔"اے بھئی ذرا لالدان بلھانا۔" پیک تھوکی، باچھیں پونچھیں، بولے:

"یہ سہارن پور کے کیسے آم کہے آپ نے؟ مالدہ آم! اور سہارن پور کے؟ بھلا سہارن پور میں مالدہ آم کہاں سے آیا؟ اماں یہ تم پنجاب کی طرف کے اضلاع کے لوگ آموں کی قسموں کے صحیح نام بھی نہیں جانتے؟ مالدہ آم ہوتا ہے بڑا سا، پھیکا پھیکا، ریشہ دار، جسے تم لوگ بمبئ کا آم کہتے ہو۔ اور یہ جو سہارن پور کا قلمی آم ہوتا

ہے، یہ ہے اصل میں بمبئی کا آم، دونوں میں بڑا فرق ہے۔ خیر یہ تو جملہ معترضہ تھا ، آپ اپنا قصہ جاری رکھیے۔"

پنڈت جی بیچارے پر اب تک کچھ اوس سی پڑ گئی تھی۔ مگر تقاضا سن کر پھر شروع ہو گئے۔

"اگر چہ وہ بیگانہ مال تھا اور ہمیں کسی طرح اس کا کھانا مناسب نہ تھا، مگر عمر کا تقاضا، تنہائی کا موقعہ اور نہایت پکے آم، رہا نہ گیا۔ ہم نے سوچا، اب کون انہیں ریل والوں کے سپرد کرتا پھرے اور ریل والے ہی ایسے کہاں کے ایماندار ہیں کہ مالک کو واپس کر دیں گے چنانچہ وہ آم بھی ہم نے اپنے اسباب میں شامل کر لیے۔"

اس پر چچا نے ایک دلداری کا قہقہہ لگایا اور بولے۔"غرضیکہ خوب آم ملے کھانے کو۔ نہایت دلچسپ واقعہ ہے۔"

پنڈت بیچارہ حیران کہ یہ آدھ بیچ میں داد کیسی! دو تین دفعہ کہنے کی کوشش بھی کی کہ صاحب باقی بات تو سن لیجیے ، مگر چچا نے مربیانہ انداز میں در ہلا ہلا کر انھیں بولنے کی مہلت ہی نہ دی ، کہنے لگے۔"سمجھ گیا ، سمجھ گیا، خوب آم اڑائے پھر۔ نہایت خوب۔ ہمیں ایک مرتبہ اس قسم کا واقعہ پیش آیا۔ مراد آباد سے الہ آباد جا رہے تھے ہم۔ راستے میں پڑا وہ جنکشن ، وہ ہے نا، کیا نام ہے اس کا؟ وہ اے تو بہ ، دیکھو اچھا سا نام ہے ، زبان پر پھر رہا ہے، یاد نہیں آتا۔ اماں وہ ہے نہیں جنکشن جہاں سے وہ چھوٹی لائن کسی طرف کو جاتی ہے۔ تمہیں تو یاد ہو گا للو! تم ہی تو تھے ہمارے ساتھ۔ نہیں کیسے ؟ واہ! ہم خود تمہیں لے کر گئے تھے ساتھ۔ یاد نہیں ، وہ تمھارا آدھا ٹکٹ لے لینے پر ٹکٹ بابو سے قصہ ہو گیا تھا؟ اور نہیں تو کیا۔ ار بھئی الہ

آباد جاتے ہوئے ہی تو۔ فیض آباد؟ اچھا؟ فیض آباد! ٹھیک ہے۔ ہاں ٹھیک ہے، تم فیض آباد کے سفر میں ساتھ تھے۔ خیر اس کا اس موقع پر کیا ذکر۔ تو وہ صاحب نامعلوم کیا نام تھا اس جنکشن کا۔ خیر وہ کچھ ہی تھا۔ نام معلوم ہونا بھی ایسا کیا ضروری ہے۔ تو وہاں سے ایک لالہ ہمارے درجے میں سوار ہوئے۔ وہ بھی یوں ہی اپنی ایک کوری ہنڈیا جس میں پیڑے تھے درجے میں چھوڑ گئے تھے۔ وہ بعد میں ہمارے ہاتھ لگی۔ تو اس قسم کے دلچسپ واقعات اکثر ریل کے سفر میں پیش آتے رہتے ہیں۔"

چچا نے بات ختم کر کے خاصدان پر توجہ کی۔ محفل پر خاموشی طاری ہو گئی۔ پنڈت بیچارے کی حالت عجیب تھی، فیصلہ نہ کر سکتا تھا کہ بات ختم کرے یا چپ ہو رہے۔ آخر میں نے ان کی پریشانی رفع کرنے کے لیے کہا۔ "تو پنڈت جی بات تو ختم کیجیے۔"

چچا چونک کر بولے۔ "اچھا ابھی باقی ہے بات؟ لیجیے ہم تو سمجھے ختم ہو گئی۔ تو بھلا آپ نے ادھ بیچ میں کیوں چھوڑ دی؟ فرمایئے نا، میں ہمہ تن گوش ہوں۔"

پنڈت جی نے بے بسی کے انداز میں ہم سب کو دیکھا اور پھر شروع ہو گیا۔ "اتفاق سے ہم دوسری گاڑی کے جس درجے میں سوار ہوئے، اس میں اور کوئی مسافر نہ تھا، بے فکری سے آم کھانے شروع کر دیے۔"

"تراش کر کھائے ہوں گے۔"

پنڈت جی نے کہا "جی نہیں چوسے ہی تھے، غالباً چاقو جیب میں موجود نہ تھا۔"

چچا نے زیادہ تعرض نہ کیا۔ "خیر خیر، کیا مضائقہ ہے، سفر میں چھوٹی موٹی

چیزیں ساتھ لے جانی کہاں یاد رہتی ہیں۔ پر چوسنے میں مزہ نہیں رہتا قلمی آم کا۔"

پنڈت جی نے ایک واضح وقفے میں انتظار کیا کہ شاید چچا کچھ اور بھی فرمائیں۔ وہ خاموش رہے تو بات آگے شروع کر دی "دس بارہ ہی آم کھا کر پیٹ بھر گیا۔ دو چار اور زبردستی کھائے۔ جب دیکھا کہ بس اب اور حلق سے نیچے نہیں اترتے اور رسید کی ڈکار پر ڈکار آرہی ہے تو منہ ہاتھ دھو کر اٹھ کھڑے ہوئے، پیٹ پر ہاتھ پھیرا اور اللہ کا شکر ادا کیا۔ چچا چھکن نے پھر ایک حاشیہ چڑھایا کہ "بے مانگے ایسی مزید ار نعمت عطا فرمائی۔"

پنڈت جی اب ان حاشیہ آرائیوں سے ایسے خائف ہو گئے تھے کہ چچا کی بات ختم ہو جانے کے بعد بھی ان کی زبان نہ کھلتی تھی۔ کچھ تو الجھن کی وجہ سے حواس غائب ہو جاتے کچھ یہ اندیشہ ہوتا کہ بات ابھی اور باقی نہ ہو۔ کچھ دیر کے توقف کے بعد انھوں نے ذرا تیزی سے داستان بیان کرنی شروع کر دی۔

"پیٹ بھرنے پر سوجھی شرارت۔ ریل کی پٹری کے ساتھ ساتھ پیدل مسافروں کی سڑک تھی، اس پر مسافر آجا رہے تھے، ان پر آموں کی دھری باڑ مارنی شروع کر دی۔ جس کے نشانہ ٹھیک بیٹھتا، وہ تو سر پکڑ کر سوچتا رہتا کہ یہ آسمانی گولا کہاں سے آیا، جو وار خالی جاتا اس کی بدولت مسافروں کو مفت آم کھانے کو ہاتھ آتا۔"

بھئی واہ واہ لے آئے حقہ! بس رکھ دو یہیں پر۔۔۔۔۔۔ تو غرضیکہ پنڈت جی ایک کھیل ہاتھ آگیا آپ کے۔۔۔۔۔۔ تازہ کر لیا تھا نہ حقہ؟۔۔۔۔۔۔ جی تو پنڈت جی اور کیا رہ گیا؟۔۔۔۔۔۔ تو نہ رکھ کر لائے؟ حالانکہ کہہ بھی دیا تھا میں نے۔ اور

خود بھی دیکھ رہے تھے کہ چار آدمی بیٹھے ہیں، محفل جمی ہوئی ہے، باتیں ہو رہی ہیں ،بڑے نالائق ہو۔ خیر آپ بات کہیے پنڈت جی۔۔۔۔ چلم بجھ گئی تو تم ہی کو پھر بھر کر لانی پڑے گی۔۔۔۔۔۔جی پنڈت جی ؟"

پنڈت جی کھسیانے سے ہو گئے تھے۔ مگر ہم لوگوں کا لحاظ۔ ایک بار پھر حوصلہ کرنے کی ٹھانی۔ "ہماری ان شرارتوں کو ریل کا گارڈ بھی بریک میں کھڑا دیکھ رہا تھا۔ آخر اس سے ضبط نہ ہو سکا، پائیدان پائیدان چلتا ہوا ہماری گاڑی میں آ پہنچا۔ ہم نشانہ تاک رہے تھے کہ یک بیک آکر ہمیں پکڑ لیا۔"

چچا نے ذرا گردن اٹھا کر اور آنکھیں جھپکا جھپکا کر اپنے متاثر ہونے کا ثبوت دیا۔ "ہئی ہے!"

"گارڈ نے ہم کو ڈانٹنا ڈپٹنا شروع کیا کہ تم پیدل مسافروں کو تکلیف پہنچا رہے ہو۔ میں نے مجبوراً یہ بہانا کیا کہ کچھ آم سڑ گئے تھے۔ اس لیے ہم انھیں پھینک رہے ہیں۔ ہم نے خیال نہ کیا تھا کہ کوئی مسافر بھی سڑک پر جا رہا ہے۔"

چچا نے یک لخت ایسی آواز میں ایک "واہ وا" کی جیسے کسی بوتل کا کاگ اچانک کھل گیا ہو۔ "سبحان اللہ! کیا بات پیدا کی آپ نے!"

کچھ دیر کو جیسے پنڈت جی کی زبان بند ہو گئی۔ حیرت کے عالم میں ہمارا منہ تکنے لگے، ہم سب کی یہ کیفیت کہ شرم سے پسینے پسینے ہو رہے ہیں، غصے کی لہریں اٹھتی ہیں اور ٹھنڈی پڑ پڑ جاتی ہیں۔ آنکھوں ہی آنکھوں میں ان سے کہا جس طرح ہو اس داستان کو ختم کیجیے چنانچہ بھرائی ہوئی سی آواز میں پھر داستان شروع کر دی۔ بولے "میں نے گارڈ کو اطمینان دلایا کہ اب ایسی حرکت نہ ہو گی چنانچہ وہ ہم پر بگڑ بگڑ کر

رخصت ہو گیا۔ اب۔۔۔"

"چلا گیا؟ تو یوں کہیے رسیدہ بود بلائے و لے بخیر گذشت۔ بعض اوقات تو صاحب یہ لوگ ایسا پریشان کر دیتے ہیں کہ ناک میں دم آجاتا ہے۔ اب دیکھیے ،ایک اپنا واقعہ عرض کرتا ہوں۔ سنہ خدا تمھارا بھلا کرے، سنہ نو کا ذکر ہو گا یا دس کا، یا گیارہ ہی ہو تو عجب نہیں۔ بہر حال کچھ ہی تھا وہ۔ اسی زمانے کا واقعہ ہے۔ نہ نہ یاد آگیا ہمیں، سنہ ۱۰ء ہی کی بات ہے۔ ان ہی دنوں بادشاہ ایڈورڈ ہشتم کا انتقال ہوا تھا۔ ہم سہارن پور سے مراد آباد جا رہے تھے۔ گھر کے لوگ بھی ہمارے ہمراہ تھے ،بچوں میں بس یہ للو تھا گود میں، یا شاید وڈو بھی، نہ وڈو نہیں ہوا تھا پیدا۔ بہر حال، تو بات یہ تھی کہ ہماری خوش دامن کچھ۔۔۔ غرضیکہ بعض عوارض تھے انھیں۔ خطوط کے ذریعے ہمیں معلوم ہو چکا تھا کہ وہ علاج کرانے کے لیے شاہجہاں پور جانے والی ہیں۔ ہم نے انھیں خط لکھ دیا تھا کہ ہم مراد آباد کا ٹکٹ لے کر روانہ ہوں گے۔ اگر اس عرصے میں آپ شاہجہاں پور چلی جائیں، تو ایسا انتظام کرتی جائیے گا کہ ہمیں اسٹیشن پر اسکی اطلاع مل جائے اور اگر آپ رخصت ہو چکی ہوں تو ہم بجائے مراد آباد اترنے کے اسی گاڑی میں شاہ جہاں پور روانہ ہو جائیں۔ لیجیے جناب ہمارے پہنچتے پہنچتے وہ شاہجہاں پور روانہ ہو گئیں۔ اسٹیشن پر ہمیں اسکی اطلاع ملی۔ رات کا وقت تھا، سردی کا موسم، ہم نے سوچا اب کون اتر کر آگے کا ٹکٹ لے ،شاہ جہان پور پہنچ کر مراد آباد سے وہاں تک کا کرایہ ادا کر دیں گے۔ وہاں پہنچے تو ہماری شرافت ملاحظہ فرمایئے کہ ریل والوں سے صاف صاف کہہ دیا کہ بھائی لوگو ہمارا ٹکٹ مراد آباد تک کا تھا، باقی تمھارا جو کچھ ہمارے ذمے نکلتا ہو، اب لے

لو۔ لیجیے صاحب وہ تو اکڑ گئے کہیں کہ ہم تو دگنا کرایہ لیں گے ،ہمارا قاعدہ یہی ہے۔ بہیترا سمجھایا، لڑے جھگڑے ،منت خوشامد کی ، مگر بے سود، مجبوراً دگنا کرایہ ادا کر کے خلاصی ہوئی ،تو میرا یہ بیان کرنے سے مطلب کیا کہ یہ ریل والے جب ستانے پر تل جائیں تو کوئی کسر اٹھا نہیں رکھتے۔"

چچا حقہ پینے لگے، محفل پر ایک ناگوار سا سکوت چھا گیا، پنڈت جی کی اب یہ کیفیت گویا کسی نشے سے دماغ سن ہو گیا ہے۔ ہم سب کی عجیب حالت۔ داستان جاری رکھنے کو کہیں تو قطع کلام کا ڈر۔ خاموش ہو رہیں تو شرمندگی کہ پنڈت جی کی بات ادھ بیچ میں رہ گئی۔ اتنے میں چچا چھکن نے کہنیاں اٹھا اٹھا کر انگڑائیاں اور جمائیاں لینی شروع کر دیں۔ اس سے کچھ ڈھارس بندھی کہ چچا اب زیادہ دیر نہ بیٹھیں گے اور بات شاید جلد ختم ہو سکے چنانچہ ہلکے سے کہہ دیا۔"جی پنڈت جی پھر؟"

چچا نے ایک نئی جمائی لے کر کہا۔" ختم نہیں ہوئی ابھی بات ؟تو پھر کہہ ڈالیے جلدی سے۔ اب تو کچھ نیند آ چلی ہمیں۔ کیا وقت ہو گیا ہو گا؟ سوا گیارہ !افوہ! دیکھئے تو بات چیت میں وقت کیسی جلدی گزر جاتا ہے۔ ہاں تو کیا رہ گیا باقی اب ؟"

پنڈت جی کے لیے ایسی حالت میں یہ کہنے کے سوا چارہ نہ تھا۔"ایسی کون سی ضروری بات ہے کہ اسے ختم ہی کیا جائے، نیند آ رہی ہے تو اب آپ آرام فرمایئے۔"

چچا چھکن نہ مانے۔ بولے"نہ نہ بات ختم کر لیجیے آپ 'ایسی جلدی نہیں مجھے۔ وہ بات یہ ہے کہ جلد سو رہنے اور صبح جلد اٹھنے کا عادی ہوں۔ تاہم کیا ہوا، آپ شوق

سے فرمایئے۔"

پنڈت جی بے چارے کھوئے کھوئے ایک مردہ تبسم سے پھر گویا ہوئے۔ بات شروع تو تفریح کے لیے کی گئی تھی، پر حالت یہ تھی کہ کوئی باہر سے آتا تو اسے قطعی طور پر سے یہ معلوم ہوتا کہ پنڈت جی سے کوئی بہت بڑا جرم ہو گیا ہے جس کے لیے یہ غریب چچا چھکن سے معافی مانگ رہا ہے۔

"گارڈ کے جانے کے بعد ہمیں فکر ہوئی کہ اول تو چوری کا مال کھایا اور پھر اس پر یہ شرارت کہ اس کی خبر گارڈ تک پہنچی۔ اب اگر کوئی جھگڑا اٹھا اور باقی آم اور کپڑا ہمارے پاس سے نکلا تو خاصا چوری کا مقدمہ بن جائے گا (چچا چھکن کی جمائی) چنانچہ یہ سوچا کہ جو آم باقی ہیں انھیں چپکے سے پھینک دیا جائے تا کہ کوئی سراغ باقی نہ رہے۔ چنانچہ ہم نے آم اور وہ نئی دوہر جس میں وہ بندھے ہوئے تھے، لپیٹ کر گاڑی میں سے باہر پھینک دی۔ (چچا چھکن کی جماہی۔ جس کے اخیر میں کچھ اس قسم کا شور تھا جیسے منہ چڑھاتے وقت نکلتا ہے)۔ تھوڑی دیر بعد ہمارا سفر ختم ہو گیا اور ہم مراد آباد اتر کر اپنے گھر پہنچے۔۔۔"

چچا اٹھ کھڑے ہوئے۔ "بھئی ہمیں تو نیند آ گئی پنڈت جی۔ قصہ بڑا دلچسپ تھا، مگر بقول آپ کے ایسی کون سی ضروری بات ہے کہ اب اسے ختم ہی کیا جائے۔ میں تو معافی چاہتا ہوں، انھیں سنایئے آپ۔"

"ذرا سی بات رہ گئی تھی۔" ہم سب نے کہا۔ "چچا میاں بس ذرا سی بات تو باقی ہے۔ اب سن لیجیے۔"

"نہ بھئی اب تو سوئیں گے ہی ہم۔"

"دو تین ہی تو فقرے ہیں۔"

"بس اب تم ہی سنتے رہو۔"

"ہم تو سن چکے تھے، آپ ہی کو سنا رہے تھے پنڈت جی۔"

"آنکھیں مچی جا رہی ہیں۔"

"ہاں ہاں فرمائیے آپ۔"

"ہاں بس اب لیٹوں گا۔ وہ وِدّو! تم پان اور پانی ہمارے سرہانے رکھ دینا اور للو یہاں سے اٹھ کر حقہ بھی ہمارے پلنگ کے ساتھ رکھ آنا۔ صبح ضرورت ہو گی ہمیں۔ مگر دیکھنا چلم باہر الٹ دینا۔ اور للو وہ دوا ہماری رکھنا نہ بھول جانا۔ اور شاید یہ اگالدان بھی تو ہمارے ہی کمرے کا ہے یہاں۔ یہ بھی اپنے ٹھکانے پر پہنچ جائے۔ سمجھ لیا نا؟"

"چچا میاں اتنی دیر میں تو بات بھی ختم ہو جاتی۔"

چچا اصرار سے کچھ چڑ گئے۔ بولے "ہوتی تو ہو جاتی۔ پھر ہم کیا کریں۔ بات نہ ہوئی مذاق ہی ہو گیا۔"

مایوس ہو کر مجھے اس کے سوا چارہ نظر نہ آیا کہ پکار پکار کر کہوں کہ چچا وہ آم کی گٹھری اصل میں پنڈت جی ہی کی ملازمہ کی تھی۔ گھر جا کر بھید کھلا۔ اور پھر یہ دوہر اور آم پھینکنے پر پچھتائے۔"

"ہماری بلا سے۔"

یہ کہہ کر چچا زور سے دروازہ بند کر کے اندر چلے گئے۔ ایسا معلوم ہوتا تھا ہمارے اصرار سے وہ اور کھج گئے ہیں۔ ان کے جانے کے بعد کمرے میں سناٹا طاری

ہو گیا۔ پہلی مرتبہ ہمیں احساس ہوا کہ کلاک چل رہا ہے۔

***

۷

چچا چھکن نے ایک خط لکھا

وثوق سے یہ کہنا بڑا مشکل ہے کہ چچا چھکن جب کسی کام میں ہاتھ ڈالتے ہیں تو اس وقت ان کی ذہنی کیفیت کیا ہوتی ہے۔ خود نمائی کے شوق سے ناچار ہوتے ہیں یا محض دستگیریٔ خلق کا جذبہ دامن گیر ہوتا ہے۔ ذرا دیر کو مان لیا کہ دونوں ہی باتیں ہوتی ہیں۔ خود نمائی کا شوق بھی اور دستگیری خلق کا بھی۔ تو میں کہتا ہوں، ایک بار یہ ہونا ممکن ہے، دو بار ہونا ممکن ہے۔ ایک دو بار نہ سہی دس بیس بار سہی، پر آخر دنیا میں تجربہ بھی تو کوئی شے ہے۔ کبھی تو خیال آئے کہ اے شخص! بیٹھے بٹھائے تجھے جو ہُلہُلا اٹھا کرتا ہے، تو تو نے آج تک کوئی کام سلیقے سے نمٹایا بھی؟ کہیں حاصل بھی ہوئی سرخروئی؟ کسی نے داد بھی دی تیری کاردانی کی؟ چارہ گری کا دعویٰ وہ کرے جسے اپنی تجربہ کاری پر تکیہ ہوا اور جو یہ نہیں تو کیوں ایسی بات کرے جس سے کالی ہانڈی سر پر دھری جائے۔

اب آج ہی کا دعویٰ ہے کہ چچی کو ایک دعوت نامہ کا جواب لکھنے کی ضرورت پیش آئی۔ اتفاق سے ان کا ہاتھ تھارُکا ہوا، چچا چھکن حسب معمول فارغ بیٹھے تھے ،جواب مختصر سا لکھنا تھا، کام بھی جلدی کا تھا، پھر کیا امر انھیں اپنی خدمات پیش

کرنے میں مانع ہو سکتا تھا؟ چنانچہ لکھا آپ نے جواب۔ اس کیلئے کیا کچھ اہتمام ہوا ،گھر میں کیسا ہلڑ مچا، اور پھر کیا نتیجہ نکلا، اس کی داستان سننے سے تعلق رکھتی ہے۔

بات یوں ہوئی کہ صبح کے وقت چچی دالان میں چارپائی پر بیٹھی بچوں کو چائے پلا رہی تھیں۔ چچا چائے سے فارغ ہو کر صحن میں کرسی پر اکڑوں بیٹھے حقہ پی رہے تھے۔ ایک گائے خریدنے کی ضرورت اور اس کے متوقع فوائد و نقصانات کے انفرادی اور اجتماعی نتائج وعواقب کے متعلق چچی کو معلومات بخشی جا رہی تھیں۔ اتنے میں باہر دروازے پر کسی نے آواز دی۔ بندو بھاگتا ہوا گیا اور ایک خط لے کر واپس آیا، چچی پرچ سے چھٹن کو چائے پلا رہی تھیں، خط لا کر ان کے قریب رکھ دیا۔

اتنے پرچ کی چائے ختم ہو اور چچی خط اٹھائیں ، چچا نے دس مرتبہ پوچھ ڈالا۔ "کس کا خط ہے؟ کہاں سے آیا؟ کس نے بھیجا ہے؟ کیا بات ہے ؟" چچی چڑ گئیں۔ "توبہ ہے! کھولنے پائی نہیں اور سوالات کا تانتا باندھ دیا۔ مجھے غیب کا علم تو آتا نہیں کہ دیکھے بغیر بتادوں، کس کا خط ہے؟"

چچا کچھ خفیف سے ہو گئے۔ "بھلا صاحب خطا ہوئی کہ پوچھا ہماری بلا سے کسی کا ہو۔" یہ کہہ کر سر موڑ جلد جلد حقے کے کش لینے لگے۔

بندو نے کہا۔ "بیگم صاحب آدمی جواب کے انتظار میں کھڑا ہے۔" یہ سن کر چچا سے نہ بیٹھا گیا۔ چار پانچ کش لے کر اٹھ کھڑے ہوئے۔ کرتے میں ہاتھ ڈال پیٹ کھجاتے رہے، پھر بے تکلفی کے انداز میں ٹہلتے ہوئے باہر نکل گئے۔

چند منٹ بعد واپس آئے۔ کچھ دیر بے ترتیبی سے صحن میں ٹہلے ، منتظر تھے کہ

شاید چچی مخاطب کریں۔ آخر نہ رہا گیا تو خود ہی پوچھا۔ "کیا لکھا ہے منصرم صاحب کی بیوی نے؟"

چچی نے چائے کی پرچ چھٹن کے منہ سے لگاتے ہوئے بے پروائی سے کہا۔ "رات کھانے پر بلایا ہے۔"

چچا کا احتراز و تامل رخصت ہو گیا۔ "کیا بات ہے؟ کوئی تقریب؟"

چچی نے کسی قدر سر سری انداز میں کہا۔ "بات کیا ہوتی میر منشی صاحب کی بیوی مجھ سے ملنا چاہتی تھیں، انھیں اور مجھے دونوں کو کھانے پر بلایا ہے۔"

شاید مزید اطمینان حاصل کرنے کو چچا بولے۔ "تو گویا زنانہ ضیافت ہے!" پھر غالباً خیال آیا کہ بیوی کا کہیں مدعو کیا جانا ایک طرح میاں ہی کی ہر دلعزیزی اور قدر و وقعت کا اعتراف ہے، چنانچہ اس جذبے کے ماتحت منصرم صاحب کی بیوی کی تعریف میں رطب اللسان ہو گئے۔ "بہت معقول بیوی ہیں، ایسی ملنسار بیویاں کہاں نظر آتی ہیں آج کل، ضرور جاؤ ضیافت میں بلکہ کوئی موقع ہو تو انھیں بھی اپنے ہاں مدعو کرو۔" ساتھ ہی ایک مشورہ بھی فیصلے کی صورت میں پیش کیا، "بچے تو جائیں ہی گے ساتھ۔"

چچی نے کچھ بگڑ کر آہستہ سے کہا۔ "ہمسایوں کو بھی نہ لیتی جاؤں۔"

چچا کو یہ جواب ناگوار نہ گزرا۔ ایک تو چچی بولی آہستہ سے تھیں، دوسرے کچھ زیادہ عام فہم بات نہ تھی۔ بہر حال پیٹ سہلاتے ہوئے مڑنے لگے۔ پھر رکے کہا۔ "اُن کا ملازم جواب کا تقاضا کر رہا تھا۔"

چچی نے جواب میں چھٹن کو مخاطب کیا۔ "کم بخت خُدا کیلئے کہیں ختم بھی کر

چک چائے۔ کھیل کیے جا رہا ہے۔ کس وقت سے پرچ پیالی لیے بیٹھی ہوں۔ نہ خود پینی نصیب ہوئی ہے ،نہ ابھی نوکروں کو ملی ہے۔ ادھر چائے ٹھنڈی ہو رہی ہے ،ادھر باہر سے جواب کا تقاضا چلا آرہا ہے۔"

آپ جانئے ،ایسا موقع ہوا اور چچا اپنی خدمات پیش کرنے سے رک جائیں۔ بولے "ہم لکھ دیں جواب ؟"

چچی بولیں۔ "نہ بس معاف رکھیے۔ فارغ ہو کر میں آپ ہی لکھ لوں گی۔"

روکے جانے کا باعث چچا کیونکر بوجھیں ،بولے "کیا معنی ،ہم خط لکھنا نہیں جانتے ؟"

چچی نے چپ ہی رہنا مناسب سمجھا، چچا کی کچھ تسکین نہ ہوئی۔

"اب کوئی فارغ خطی تو لکھنی نہیں، دعوت منظور کرنے ہی کا خط لکھنا ہے نا؟ تو اس کا لکھنا ایسی کون سی جوئے شیر لانا ہے۔"

اتنے میں چھٹن نے جو جلدی سے چائے کا گھونٹ بھرا، اسے اچھو آگیا۔ چائے کی کلی چچی کے کپڑوں پر پڑی۔ وہ انڈیل رہی تھیں پرچ مین چائے ،ان کا ہاتھ ہل گیا ،ساری چائے کپڑوں پر آن پڑی۔ چچی "ہانا مراد !" کہتی ہوئی تولیے سے کپڑے پوچھنے لگیں۔ اُدھر باہر سے آواز آئی "کیوں صاحب ملے گا جواب ؟" چچی نے گھبرا کر چچا سے کہہ دیا۔ "اچھا پھر اب تم ہی یہ لکھ دو کہ آجاؤں گی۔"

اب کیا تھا ،چچا کو منہ مانگی مراد ملی۔ خط و کتابت کے متعلق ضروری سامان فراہم کیے جانے کے احکام صادر ہونے لگے۔ "بندو میرا بھائی ذرا لانا تو خط لکھنے کا سامان جھپاک سے۔ کیا کیا لائے گا بھلا؟ قلم دوات اور کاگز، شاباش !مگر کون سے

کاگز؟ آسمانی رنگ کے بڑھیا، رول دار، جن کی کاپی سی ہے۔ہاں ذرا دکھانا تو اپنی چال۔ اور سنیو۔۔۔۔۔۔۔ چلا گیا؟ لفافہ بھی تو چاہیے ہو گا۔ ارے بھئی! کوئی لفافہ بھی تو لاؤ۔ تو جا کر لائیو مودے، پر نیلے ہی رنگ کا ہو لفافہ۔ صندوقچے میں رکھے ہیں ،لکڑی کے صندوقچے میں۔ الماری میں ہو گا صندوقچہ، ہری الماری میں۔ سن لیا نا ؟ ذرا پھرتی سے۔"

یہ تو چچا کی عادت ہی نہ ٹھہری کہ ایک مرتبہ یاد کر کے کہہ دیں، کیا کیا چیز چاہیے ہے، ادھر مودا آگیا، ادھر جاذب یاد آگیا۔ "ارے ہاں اور جاذب بھی تو لانا ہے۔ بھئی جاذب! جاذب! کوئی نہیں سنتا۔ یہ امامی کہاں گیا؟ او امامی۔ ابے او امامی ! دیکھیں اس بدمعاش کی حرکتیں۔ بس کام نکلنے کی دیر ہے اور یہ غائب۔ کام کا نہ کاج کا دشمن اناج کا۔ ذرا تم چلے جاتے میاں للو۔ وہ جو ہری کاپی ہے نسخوں کی، وہ جس میں ہم نسخے نہیں لکھا کرتے؟ عجب کوڑھ مغز ہو، بھئی کیمیا کے نسخے، لاحول ولا، میاں کاپی ،ہری کاپی، نسخوں والی۔ خیر اب تم نے دیکھی ہے یا نہیں، وہ ہمارے تکیے کے نیچے رکھی ہے، اس میں ایک جاذب ہے وہ نکال لاؤ۔ اور دیکھنا، اماں سنو! ارے بھئی للو ! ارے میاں للو! او للو کے بچے۔ عجب حالت ہے ان لوگوں کی۔ بس ایسے گھبرا جاتے ہیں جیسے ریل ہی تو پکڑنی ہے۔ ودو تم جا کر کہو جاذب نہ لائیں کاپی ہی لے آئیں۔ آخر خط بھی تو کسی چیز پر رکھ کر لکھا جائے گا۔ ہاتھ پر تو رکھ کر میں لکھنے سے رہا۔ اور سننا میری بات وہ کہیں ہمارا چشمہ بھی رکھا ہو گا، وہ بھی ڈھونڈتے لانا۔"

لیجئے صاحب ایک دو منٹ میں گھر کا گھر مصروف ہو گیا۔ ایک کو کوئی چیز مل گئی ،دوسرا خالی ہاتھ چلا آرہا ہے کہ فلاں چیز نہیں ملتی۔ کوئی کہتا ہے کہ فلاں چیز مقفل

ہے، کنجیوں کا گچھا ڈھونڈا جارہا ہے، چچا بگڑ رہے ہیں۔ مونچھوں سے چنگاریاں نکل رہی ہیں۔

"آنکھیں ہوں تو چیز سجھائی دے۔ اور پھر یہ بھی تو نہیں کہ ہم یہاں کھڑے ہیں، ہم سے آ کر کہیں کہ صاحب فلاں چیز اپنے ٹھکانے پر نہیں ہے، کہاں ہو گی۔۔ سراغرساں کے بچے خود تلاش کر کے رہیں گے۔ پوچھنے میں تو ان کی سبکی ہوتی ہے۔ آن پر حرف آتا ہے۔ پھر اب کیوں آئے ہو؟ ڈھونڈو خود جا کر۔ اپنی جگہ پر نہیں چیز تو تم ہی بدمعاشوں نے کہیں کی ہو گی غائب۔"

خُدا خُدا کر کے تمام چیزیں جمع ہوئیں، چچا نے چشمہ لگایا، کرسی پر براجمان ہوئے، لڑکے چیزیں لیے ارد گرد کھڑے ہو گئے۔ کاغذ سنبھالا، کاپی نیچے رکھی، قلم ہاتھ میں لیا۔ اب دیکھتے ہیں تو اس کا نب ندارد! "ہیں اور نب کہاں ہے؟ لاحول ولا قوۃ الا باللہ، ابے اندھے اس سے لکھوں گا خط؟ ابے اس سے لکھنا ہوتا تو میں اپنی انگلی سے ہی لکھ لیتا؟ تجھے قلم لانے کو کیوں کہتا؟ مگر یہ اُتارا کس نے اس کا نب؟ اس بدتمیزی اور بدتہذیبی کے معنی کیا؟ میں آج معلوم کر کے رہوں گا، یہ حرکت کس نا معقول کی ہے۔"

باہر سے آواز آئی۔ "اجی صاحب جواب کے لیے کھڑے ہیں۔"

چچی یہ سب کیفیت دیکھ رہی تھیں اور دل ہی دل میں پیچ و تاب کھا رہی تھیں۔ آواز سن کر نہ رہا گیا، بولیں "خُدا کے لیے اب تم اس جرح کو بند کرو اور لکھنا ہے تو لکھ دو۔ وہ غریب باہر کھڑا سوکھ رہا ہے۔ یہ قلم نہیں تو میرا قلم موجود ہے، جا بنّو میرا قلم لا دے۔"

چچا اس وقت جوش میں تھے اور بر عم خویش محض تکلیف پہنچنے کے خیال سے نہیں بلکہ ایک اُصول کی خاطر بات کو طول دے رہے تھے، اس وقت چچی پر بھی برس پڑے۔ "تمھاری ہی شہ پا کر تو نوکروں اور بچوں کی عادتیں بگڑ رہی ہیں۔ یہ ضرور ان ہی میں سے کسی کی حرکت ہے۔ کوئی بچہ یا ملازم ہمارے اس قلم سے تفریح کرتا رہا ہے اور اسی نے اس کا نب ضائع کیا ہے۔ قلم کو سب غور سے دیکھو اور سچ سچ بتاؤ کہ یہ حرکت کس کی ہے؟"

اتنے میں بنو چچی کی قلم لے آئی۔ چچا کا آخری فقرہ سن کر اس نے قلم پر نگاہ ڈالی تو بولی۔ "لال قلم! ابا میاں کل آپ ہی نے تو ازار بند ڈالنے کو اس کا نب اتارا تھا۔"

چچا نے گھور کر بنو کو دیکھا، قلم کو دیکھا، کچھ سوچا، کھنکار کر گلا صاف کیا، کرسی پر پینترا بدلا۔ کن انکھیوں سے چچی اماں پر نظر ڈالی، قلم بنو کے ہاتھ سے لے لیا، سر جھکا کر انگوٹھے کے ناخن پر اس کا نب پرکھنے لگے۔ بولے "چلو اب اسی سے کام چل جائے گا۔"

بمقابلہ پچھلی گفتگو کے آواز کا سر بہت مدہم تھا۔

جو لڑکا دوات لیے کھڑا تھا، اسے آگے بڑھنے کا حکم دیا، خط لکھنا شروع کیا، القاب ہی لکھا ہو گا کہ بولے۔ "ہئی ہے۔ یہ کیا لفظ لکھ گیا میں!" خط کا کاغذ پھاڑ ڈالا، دوسرا منگوایا۔ ڈبو لیا لیکن لکھتے لکھتے رک گئے۔ بہت دیر تک مضمون سوچتے رہے، آخر پھر لکھنا شروع کیا۔ نب اتنی دیر میں خشک ہو چکا تھا، آپ سمجھے دوات میں سیاہی کم ہے، قلم بے تکلف دوات میں ڈال دیا۔ تحریر شروع کرنے کی دیر تھی کہ سیاہی کا یہ بڑا

دھبہ کاغذ پر! لاحول کہہ کر اس کاغذ کو بھی پھاڑ ڈالا۔ تیسرا کاغذ منگوایا، اس پر دو تین سطریں لکھ گئے۔ اس کے بعد قلم روک جو کچھ لکھا تھا پڑھا۔ چہرے ہر کچھ قبض کی سی کیفیات نمودار ہوئیں۔ چچی کی طرف دیکھا، خط کو دیکھا، چپکے سے پھاڑ ڈالا۔ ہلکے سے مودے سے کہا۔ "خط کے کاغذوں کی کاپی ہی لے آ۔"

کاغذوں کی کاپی کی کاپی آگئی اور رُقعے کا جواب بے فکری سے لکھا جانا شروع ہو گیا۔ کبھی قلم کا شکوہ کہ نب درست نہیں۔ نیا نب ہے۔ کبھی دوات کی شکایت کہ سیاہی ٹھیک نہیں پھیکی ہے۔ کبھی جاذب برا کہ یہ جاذب ہے یا پتنگ بنانے کا کاغذ۔ ہر شکوہ ایک نیا کاغذ ضائع کرنے کی تمہید۔ اسی میں پون گھنٹہ ہونے آگیا۔ باہر ملازم آوازوں پر آوازیں دے رہا ہے، ادھر چچی فارغ ہو چکی ہیں۔ اور یہ قصہ ختم کرنے کا تقاضا کر رہی ہیں، بار بار کہہ رہی ہیں کہ خدا کے لیے تم مجھے دو قلم دوات، میں ابھی دو منٹ میں لکھے دیتی ہوں خط، مگر چچا اپنی قابلیت کی یہ توہین کیونکر برداشت کر لیں۔ سٹ پٹا گئے ہیں مگر خط لکھنے سے باز نہیں آتے، پینترے بدل رہے اور کاغذ پر کاغذ ردی کیے چلے جا رہے ہیں۔

"میں کیا کروں، نہ قلم ٹھکانے کا، نہ دوات درست، لکھوں اپنے سر سے ؟ادھر یہ سب بلائیں میرے سر پر آن چڑھی ہیں۔ ارے کم بختوں! خدا کیلئے پرے ہٹ کے کھڑے ہو، میرا دم الجھنے لگا ہے۔ بھان متی کا تماشہ تو ہو نہیں رہا کہ پلے پڑ رہے ہو۔ کبھی دیکھا نہیں خط کیونکر لکھا جاتا ہے؟۔۔۔۔۔۔ اچھا بھئی سن لیا سن لیا ،ذرا دم لو، خالی تو بیٹھے نہیں، جواب ہی لکھ رہے ہیں۔۔۔۔۔۔ اور بھئی خدا کے لیے دوات ورے لاؤ۔ اب میں ہر بار کرسی پر سے اُٹھ کر ڈوبالوں۔۔۔۔۔۔ ؟انھوں نے

اور میرے رہے سہے حواس غائب کر دیئے ہیں۔ ہتھیلی پر سرسوں جمانا چاہتی ہیں۔ نہ جانے کہاں کی عرضی نویس ہیں کہ دو منٹ میں جواب لکھ لیں گی۔ آخر دعوت منظور کرنی ہے۔ کچھ ٹکا سا جواب تو دینا نہیں کہ دو حرف لکھ کر قصہ نمٹا دوں ۔۔۔۔۔۔ ارے بھئی آرہا ہے جواب۔ تجھے کام ہے تو ہمیں کام نہیں ہے ؟۔۔۔۔۔۔ ہئی ہے !اے لو، اب نیچے اپنا نام لکھ گیا۔ میری عمر جُروا کی طرف سے خطوں کا جواب لکھنے میں تو گزری نہیں کہ ان باتوں کا خیال رہے۔ میں تھپڑ ماروں گا اگر پھر دوات پرے ہٹائی، ایک جگہ ہاتھ ہی نہیں رکھتا۔ نالائق، بے ہودہ کہیں کا۔ کام چور نوالہ حاضر۔"

اب تفصیل کہاں عرض کروں، پورے ڈیڑھ گھنٹے میں خط ختم ہوا اور اسے جلدی جلدی بند کر کے چچا نے باہر ملازم کے حوالے کیا۔ اسے بھی ایک مختصر سا لیکچر پلایا۔ "یوں دوسروں کے گھروں پر توائی ڈالنا بڑی بد تمیزی کی بات ہے خط لکھنا کوئی مذاق نہیں ہے۔ ایسا ہی سہل کام ہوتا تو تم سر گاڑی پیر پہیا کر کے روزی کیوں کماتے۔ آج کہیں منشی گیری نہ کر رہے ہوتے ؟ خیر اب زیادہ بحث کی ضرورت نہیں تمھیں کیا معلوم تمھارے میاں لکھنے سے پہلے کے گھنٹے سوچ بچار کرتے ہیں۔"

خط دے کر چچا گھر آئے۔ خوش تھے کہ دیر ہوئی تو کیا ہوا، خط لکھا تو گیا ،اطمینان سے ہاتھ ملنے لگے۔ چچی بھری بیٹھی تھیں۔ بولیں۔ "خالی ہاتھ ملنے سے کیا ہو گا۔ صابن ملو تو انگلیوں کی سیاہی چھوٹے۔"

چچا نے انگلیوں کو دیکھا تو واقعی کالی سیاہ ہو رہی تھیں۔ ابھی کچھ بولنے نہ پائے تھے کہ چچی نے ایک اور فقرہ کسا۔ "خیریت گزری کہ بھنگن کے آنے سے پہلے خط

لکھ لیا گیا، ورنہ اسے بھی اطلاع دینی پڑتی کہ دوبارہ آئے، میاں نے آج ایک خط لکھا ہے۔"

چچا نے کن انکھیوں سے صحن کو دیکھا۔ جس کرسی پر بیٹھ کر خط لکھا تھا، اس کے چاروں طرف ردی کاغذوں کی پُڑیاں بکھری پڑی تھیں۔ کچھ کہنا چاہا، مگر فقرہ منہ ہی میں رہ گیا، ان سنی کر کے غسل خانے میں گھس گئے، ہاتھ دھو کر مردانے میں جا بیٹھے۔ بھنگن آکر صحن صاف کر گئی تو اندر آئے، حُقہ بھروایا، بیٹھ کر پینے لگے۔ چچی کی باتیں دل میں کھٹک رہی تھیں، ان کی گوش گزاری کے لئے اپنے آپ کو مخاطب کر کے باتیں شروع کر دیں۔ "اعتراض کرنے کو سب تیار ہیں اس پھوہڑ گھر میں جہاں نہ کوئی چیز اپنے ٹھکانے پر رہتی ہے، نہ کوئی نوکر سلیقے کا موجود ہے۔ کوئی اس سے جلدی خط لکھ کر مجھے دکھائے تو میں جانوں اور خط لکھنے کا کیا ہے، خط چاہو تو منٹ بھر میں لکھ لو مگر وہ کیا خط کہ جس کا نہ املا درست نہ انشا صحیح۔ خط وہ کہ جسے لکھا جائے وہ پڑھ کر جھومنے لگے اور اسے یادگار کے طور پر سنبھال کر رکھے۔"

چچی خوب جانتی ہیں کیسے موقعوں پر جلد صلح صفائی کر لینی چاہئے۔ معلوم تھا کہ بات نہ بھلا دی تو تمام دن ایسی ہی جلی کٹی جاری رہیں گی۔ بولیں۔ "تو یہ کب کہا میں نے کہ جواب اچھا نہ لکھا گیا ہوگا؟"

بس خوش ہو گئے چچا۔ "وہ تو ان کے نوکر کو جلدی پڑی تھی، ورنہ میں پڑھ کر سناتا، تب تم داد دے سکتیں۔ رات کو دعوت پر منصرم صاحب کی بیوی خط کے متعلق کچھ کہیں تو مجھے بتا ضرور دینا۔ ویسے یہ چاہے اُن سے نہ کہنا کہ ہم نے خط لکھا

تھا۔ بہر حال تمھیں اختیار ہے۔"

لیکن لطف اس وقت آیا جب دوپہر کو منصرم صاحب کی بیوی کے ہاں سے پھر ایک لفافہ آیا جس میں چچا چھکن کا لکھا ہوا خط رکھا تھا اور ساتھ ہی اس مضمون کا ایک رقعہ تھا۔ "پیاری بہن! شاید غلطی سے کسی اور کے نام کا خط میرے نام کے لفافے میں رکھ دیا گیا، واپس بھیجتی ہوں۔ براہ مہربانی اطلاع دیجیے کہ آپ رات کو تشریف لا سکیں گی یا نہیں؟"

چچی نے چچا کا لکھا ہوا خط پڑھا تو اس کی عبارت یہ تھی:

" جمیل المناقب عمیم الاحسان زاد عنایتکم! یہاں بفضلِ ایزد متعال مالامال خیریت ہے اور صحت و تندرستی آپ کی بدرگاہِ مجیب الدعوات خمس الاوقات مستعدی ہوں۔ صورت حال یہ ہے کہ تلطف نامہ ساعت مسعود میں ورود ہوا۔ ارشادِ سامی و حکم گرامی کے امتثال میں عذر کرنا بندگانِ مروت وفتوت سے کیونکر ممکن ہے۔ طمانیت کلی ہو کہ وقت معین پر حاضری کے شرف و افتخار کا حصول مایۂ ناز متصور ہو گا۔"

الٰہی در جہاں باشی باقبال
جواں بخت و جواں دولت جواں سال
(نمیقہ حقیر پُر تقصیر)

یہ خط آنے کے بعد چچا چھکن بار بار مختلف پیرایوں میں اپنی اس رائے کا اظہار کر رہے ہیں کہ عورتیں عموماً اور منصرم صاحب کی بیوی خصوصاً ناقص العقل اور نامعقول ہیں اور چچی کو ان کی دعوت ہرگز قبول نہیں کرنی چاہیے تھی۔

***